LA FRANC-MAÇONNERIE

Du même auteur

La franc-maçonnerie (coll. Bref), Paris-Montréal, Cerf-Fides, 1990.

Église et Franc-maçonnerie, Paris, Chalet, 1990.

L'Opus Dei (coll. Bref), Paris-Montréal, Cerf-Fides, 1993.

« Symbolique de la franc-maçonnerie », dans P. Poupard (dir.), *Dictionnaire des religions*, 3e éd., Paris, PUF, 1993.

LA FRANC-MAÇONNERIE

par Luc Nefontaine

50 MOTS

DESCLÉE DE BROUWER

76 *bis*, rue des Saints-Pères, 75007 Paris
ISBN 2-220-03437-2
ISSN 1144-7109

INTRODUCTION

Si la lecture des dictionnaires et des lexiques laisse un sentiment d'incomplétude et si l'aveu de leur caractère fragmentaire est devenu une précaution oratoire obligée dans la littérature scientifique, jusques et y compris dans les sommes encyclopédiques, on ne s'étonnera point que ce « 50 Mots », avec ses dimensions réduites, ne déroge pas à la règle. Pourtant, en offrant à la fin de chaque article et en fin de volume des orientations bibliographiques que l'on voudrait substantielles, ce petit livre pourrait ouvrir sur des horizons illimités de recherches studieuses et curieuses.

Chemin faisant, au hasard des entrées, le lecteur profane ou déjà initié forcera la porte d'un monde tantôt inconnu, tantôt familier, mais réputé tellement secret qu'aucun domaine peut-être n'a donné lieu à une telle avalanche de divulgations, de révélations et de tentatives d'explication. Devant ce déferlement d'informations en tous sens, le besoin de repères et de références devient une nécessité. S'agissant de la franc-maçonnerie, tant de clichés et d'idées reçues empêchent de « recevoir la lumière » et de « retrouver la parole perdue »...

Est-ce naïveté ? Un double préjugé préside à la conception de cet ouvrage, celui de l'objectivité et de la transparence.

A

ACCEPTATION

Historiquement, l'acceptation désigne ce phénomène spécifiquement maçonnique qui, au XVIIe siècle principalement, consistait à *accepter* dans les loges traditionnellement composées de maçons de profession (les maçons opératifs) des personnes tout à fait étrangères au métier de la construction. Ainsi, on a gardé la trace de l'inscription à la loge d'Édimbourg, en 1600, d'un noble écossais, John Boswell. Il est sans doute l'un des premiers maçons « acceptés » *(accepted masons)* en ce début de siècle mais d'autres vont le rejoindre progressivement et devenir majoritaires au sein des loges. On sait ainsi qu'en 1670 par exemple, plus des trois quarts des membres de la loge d'Aberdeen n'étaient plus des maçons opératifs. L'alchimiste anglais Elias Ashmole (1617-1692) déclarait avoir été reçu maçon.

On admet généralement que c'est le processus de l'acceptation qui a permis l'émergence d'une société proprement spéculative, d'une société de pensée. Car les nouveaux membres passent pour être des personnes influentes, des notables, des nobles, des savants, des amateurs d'ésotérisme. Effectivement, le XVIIe siècle représente une étape importante dans l'histoire de la pensée européenne : l'esprit scientifique s'éveille, des mouvements occultistes font leur apparition, comme la confrérie des Rose-Croix, des courants ésotériques comme la Kabbale, l'alchimie, l'hermétisme exercent une influence sur le monde chrétien. Il est permis de penser que la conjonction de ces courants nouveaux a séduit les esprits curieux qui, pour des raisons obscures encore, se sont mis à fréquenter des ateliers maçonniques abandonnés par les maçons de métier... Significative aussi, la création à Londres, en 1662, de la *Royal Society*, une société savante regroupant des intellectuels qu'intéressaient l'étude et l'exploration de la nature. Beaucoup de maçons participaient aux travaux de cette académie que le célèbre physicien Isaac Newton (1642-1727) présida un moment.

Le phénomène de l'acceptation est donc à l'origine d'une période de transition pour la franc-maçonnerie. Il a provoqué le passage de la maçonnerie opérative à la maçonnerie spéculative, sans que l'on sache très bien ni comment, ni pourquoi. Au point que des historiens de la franc-maçonnerie commencent à mettre en doute cette filiation ininterrompue, constatant que les preuves d'une mutation de l'opératif vers le spéculatif sont bien ténues et que rien ne dit qu'il faut voir dans les maçons acceptés les agents de cette mutation. Devant ce flou historique, le doute est en effet permis, et bien des thèses péremptoires doivent être ramenées au rang d'hypothèses.

Voir J. HAMILL, *The Craft. A history of English Freemasonry*, Wellingborough, Crucible, 1986 ; L. VIBERT, *La franc-maçonnerie avant l'existence des Grandes Loges*, Paris, Gloton, 1950.

ADMISSION

Nul ne peut devenir franc-maçon s'il n'est admis dans une loge. L'admission constitue une procédure variable selon les obédiences et selon les loges. Dans tous les cas, elle précède l'initiation proprement dite. Nonobstant la diversité des pratiques, on peut résumer comme suit les principales étapes de cette procédure.

En premier lieu, toute admission trouve, à son origine, une demande ou la formulation d'une ferme intention d'introduire sa candidature pour entrer dans une loge, soit que le candidat soit approché de manière informelle par un frère qui a, auparavant, pressenti que la personne était initiable, soit que le futur initié en fasse lui-même la demande. Dans le premier cas, il est demandé au candidat potentiel de réfléchir à ce que pourrait représenter pour lui son entrée dans une loge maçonnique. Le frère qui prend l'initiative de dévoiler son appartenance en contactant un profane le fait rarement à la légère : il connaît la personne pressentie pour devenir membre et, en cas de réponse positive, il se portera garant devant les frères de sa loge de sa moralité et de ses aptitudes à devenir un bon maçon. Il deviendra son « parrain » et le futur membre sera dit « coopté ». Plusieurs parrains peuvent d'ailleurs appuyer la candidature du même profane, ce qui est exigé dans certaines loges. Dans le second cas, le candidat s'adresse à un maçon de ses connaissances pour lui faire part de ses intentions d'entrer dans une société qu'il ne connaît que par les livres ou par des contacts personnels. S'il ne connaît personne, il lui est loisible d'écrire au siège de l'obédience choisie, laquelle déléguera un ou plusieurs frères d'une loge qui, éventuellement, parraineront le candidat.

La deuxième étape de la procédure d'admission est l'enquête effectuée par un ou plusieurs maçons. Il faudra s'assurer que celui qui désire entrer en franc-maçonnerie n'a pas été l'objet de condamnations judiciaires, qu'il n'a pas été refusé par une autre loge, qu'il répond au profil du maçon de la loge, qu'il est « libre et de bonnes mœurs ». Sur base des renseignements recueillis lors de plusieurs entretiens, les enquêteurs soumettront aux membres de leur loge un rapport détaillé sur base duquel il sera collectivement décidé si la candidature peut être maintenue.

Si oui, commence alors la troisième étape de la procédure d'admission au cours de laquelle le candidat est interrogé, par la loge tout entière ou par certains de ses membres les plus anciens. La plupart du temps, cet interrogatoire a lieu « sous le bandeau » : pour répondre aux questions qui lui sont posées, le candidat a les yeux bandés. Suit un ultime vote de la loge qui décide d'admettre ou non le candidat.

Cette longue procédure, qui peut s'étaler sur une ou plusieurs années, vise non seulement à s'assurer de la valeur du profane et de ses motivations profondes, mais aussi à limiter les risques d'une rapide désaffection des tenues de loge par manque d'intérêt ou en raison d'une vision tronquée de la réalité maçonnique. Aussi bien, dans beaucoup d'obédiences, le recrutement est sévère et il ne suffit pas de frapper à la porte du temple, animé des meilleures intentions, pour être reçu.

On a souvent remarqué que la procédure de recrutement par cooptation renforçait le caractère élitiste des loges ou diminuait leur chance de devenir véritablement pluralistes. De fait, des loges se distinguent par leur composition socioprofessionnelle « monocolore » ou très peu hétérogène. Mais on aurait tort d'imputer aux seuls francs-maçons la responsabilité de cette réalité sociologique. Car d'une part, si certaines catégories socioprofessionnelles sont sous-représentées — le monde ouvrier et les agriculteurs par exemple —, ce n'est pas en raison d'une exclusion formelle ou tacite, mais à l'évidence à cause d'une inaptitude ou d'un manque d'intérêt patent pour un type d'activités intellectuelles et rituéliques exigeantes et bénévoles. D'autre part, l'histoire et la situation politique d'un pays constituent également des critères qui limitent les possibilités d'un recrutement large autant que varié.

Voir F. Mercury, *Le petit Retz de la franc-maçonnerie*, Paris, Retz, 1989.

ANTICLÉRICALISME

L'anticléricalisme est-il constitutif de la franc-maçonnerie ? Tout porterait à le croire, si l'on ne considérait que l'histoire récente d'une frange de la maçonnerie occidentale. Or, le phénomène n'apparaît qu'à des époques et dans des pays déterminés. Par ailleurs, rien n'indique que l'anticléricalisme serait intrinsèquement lié à la nature, au demeurant évolutive, de la société maçonnique.

Les travaux de René Rémond permettent de comprendre ce que recouvre la notion d'anticléricalisme. Si le cléricalisme est communément défini comme l'ingérence des clercs dans la vie civile, l'anticléricalisme est plus qu'une réaction à cet excès, il n'est pas une idéologie purement négative. Ainsi, « l'anticléricalisme adhère aux grands principes qui définissent la conception de la laïcité : séparation du religieux et du profane, indépendance absolue de l'État à l'égard des Églises, liberté de la conscience individuelle, non-ingérence des clercs, et, en particulier s'il s'agit du catholicisme romain, de la hiérarchie, du Saint-Siège et des ordres religieux qui en relèvent directement, non-intervention, dans les affaires publiques, de considérations religieuses dans les motivations et les comportements politiques des citoyens. » Mais, pense Rémond, à supposer que les Églises éliminent toute trace de cléricalisme, l'anticléricalisme ne disparaîtrait pas pour autant car « il comporte un élément d'hostilité irréductible à ce qui est religieux ». Surtout, il n'admet pas que le fait religieux soit aussi un fait social, avec une influence sur les comportements.

Historiquement et sociologiquement, l'anticléricalisme n'est pas l'apanage de la seule franc-maçonnerie, mais c'est cette caractéristique liée aux circonstances qu'il faut ici évoquer, sous l'angle de l'opposition au clergé catholique. Car l'anticléricalisme est avant tout une idéologie générée par le catholicisme romain. Aussi bien se rencontre-t-il dans les pays où cette religion prédomine : en France, en Belgique, en Espagne, en Italie, au Portugal et en Amérique latine. Là, les loges ont souvent été fortement teintées d'anticléricalisme et continuent à l'être pour une part qui va diminuant mais qui subsiste bel et bien. Au contraire, dans les pays où le protestantisme est la religion dominante, l'anticléricalisme est peu présent, et si l'on y trouve des marques d'anticatholicisme, c'est sous la forme de l'antipapisme ; c'est d'ailleurs une des caractéristiques de la maçonnerie anglo-saxonne et régulière.

L'anticléricalisme se meut donc dans les sociétés catholiques et dans les maçonneries qui s'y sont développées. En France, le mot apparaît au milieu du XIXe siècle mais sa réalité est bien plus ancienne. Si l'on en trouve des traces dès l'époque médiévale, en pleine chrétienté, on en observe la survivance au long des siècles qui suivent. Sous sa forme littéraire, il s'exprime dans l'œuvre de Voltaire, qui restera un modèle pour des générations d'anticléricaux (il voulait « écraser l'infâme ») et dont l'éphémère appartenance à la franc-maçonnerie sera utilisée comme un héritage symbolique inaliénable. L'anticléricalisme culminera au cours de la IIIe République et les maçons y contribueront pour une large part. C'est principalement dans les obédiences progressistes, comme le Grand Orient de France, que la question trouve aujourd'hui encore un écho certain.

En Belgique, l'anticléricalisme maçonnique est perceptible dès la première moitié du XIXe siècle. Pour contrer le monopole détenu par l'Université catholique de Louvain, des maçons fondent, en 1834, l'Université libre de Bruxelles, qui demeure un des bastions de l'anticléricalisme. Comme en France, c'est au Grand Orient que cette problématique semble la plus actuelle. Au Grand-Duché de Luxembourg, pays catholique voisin, le Grand Orient s'inscrit dans le même sillage que ses grands frères belge et français. En Espagne et au Portugal, avant que les loges ne soient fermées par Franco et Salazar, les maçons luttèrent longtemps pour la séparation de l'Église et de l'État, pour la laïcisation de la société. Au Brésil, au Pérou, au Venezuela, en Colombie, en Argentine et surtout au Mexique, les frères épousèrent la même cause avec autant d'acharnement. En Italie, on connaît le rôle important joué par la franc-maçonnerie dans l'unification du pays, le *Risorgimento*, et dans le démantèlement des États Pontificaux au XIXe siècle. Les maçons Cavour, Garibaldi et Mazzini jouèrent ici un rôle de premier plan.

En conclusion, on constate que si l'anticléricalisme actuel des maçons progressistes refait régulièrement surface, à la faveur de discours ou d'actions de la hiérarchie catholique, il ne constitue plus le moteur unique des maçonneries libérales, loin s'en faut.

Voir R. Rémond, *L'anticléricalisme en France. De 1815 à nos jours*, Bruxelles, Complexe, 1985 ; A. Mellor, *Histoire de l'anticléricalisme français*, Paris, Henri Veyrier, 1978.

ANTIMAÇONNISME

L'antimaçonnisme est aussi vieux que la maçonnerie elle-même, et toujours d'actualité. L'antimaçonnisme ne doit pas être confondu avec l'antimaçonnerie. Si le premier désigne le « système philosophique qui entend limiter l'influence de la franc-maçonnerie ou, dans sa version plus radicale, qui ambitionne l'anéantissement pur et simple de l'Ordre », la seconde est une « secte qui, sur le modèle de l'organisation maçonnique, travaille à l'expansion des idées antimaçonniques » (J. Lemaire). L'Ordre des Chevaliers de Colomb, une franc-maçonnerie catholique fondée à la fin du XIXe siècle en Amérique du Nord, est un exemple d'antimaçonnerie.

Les racines de l'antimaçonnisme sont religieuses et ancrées dans le XVIIIe siècle, mais elles sont aussi... maçonniques. Car si les condamnations pontificales de 1738 et 1751 sont connues, tout comme les ouvrages des abbés Lefranc (*Le voile levé pour les curieux ou le secret de la Révolution de France révélé à l'aide de la Franc-Maçonnerie*, 1791) et Barruel (*Mémoires pour servir à l'histoire du jacobinisme*, 1797-1799), on sait moins le rôle joué par les maçons eux-mêmes dans la genèse de l'antimaçonnisme. Ainsi, les Illuminés de Bavière répandent, à la fin du siècle, l'idée de l'abolition de la monarchie. En France, vers 1780, une frange de la maçonnerie diffuse une pensée rationaliste très poussée, comme Mauvillon : « L'exaltation des droits d'égalité et de liberté communs aux maçons, le thème de la lutte contre l'arbitraire et la tyrannie, le refus du fanatisme religieux sont à l'honneur; en outre, il recommande la constitution d'une "association intime" au sein de l'Ordre, au niveau des grades supérieurs, afin de diriger l'action des maçons de la base (les trois premiers degrés) » (H. Hasquin). D'où l'idée d'un complot contre l'autel et le trône, l'Église et l'État.

Il ne faut pas mésestimer non plus le rôle joué par les ouvrages de révélation dans la première moitié du XVIIIe siècle. Citons, parmi les plus connus, *L'Ordre des francs-maçons trahi et le Secret des Mopses révélé* de l'abbé Pérau (1744) ou, en Angleterre, le *Masonry dissected* de Samuel Pritchard (1730), deux auteurs profanes qui s'emploient à révéler au grand jour rituels et usages symboliques tenus secrets. Des maçons eux-mêmes ont publié des ouvrages devenus, bien malgré eux, ouvrages de révélation pour le grand public. L'essentiel est de voir que le secret et le serment intriguent et sont générateurs de réactions d'hostilité ou de moquerie. C'est d'ailleurs pour ces mêmes motifs que plusieurs gouvernants vont, au cours du XVIIIe siècle, interdire la franc-maçonnerie.

Dès le début du XIXe siècle, à la suite de Barruel, le complot maçonnique est associé au complot juif par ceux qui cherchent des causes simples et un bouc émissaire à la Révolution de 1789, convaincus que « la Révolution française a émancipé les Juifs, qu'elle a été tramée dans les loges et que donc Juifs et maçons sont alliés dans le même combat » (H. Hasquin). On n'est donc pas surpris de retrouver le thème du complot judéo-maçonnique tout au long du XIXe siècle, et jusque dans les trop célèbres *Protocoles des Sages de Sion*, un faux fabriqué en France par la police tsariste (l'Okhrana) en 1897-1898 en vue de justifier les pogroms qui ravageaient les communautés juives de Russie et publié une première fois à Saint-Pétersbourg au tout début du XXe siècle. Depuis, le texte n'a cessé d'être traduit et diffusé à travers le monde par les anti-maçons et les antisémites de tous bords. Que contient-il ? Un compte rendu de réunions secrètes tenues par les mystérieux « Sages de Sion » lors du premier congrès sioniste de Bâle en 1897. Ceux-ci seraient les auteurs d'une conspiration sioniste qui, en s'appuyant sur les idées libérales et démocratiques, veut ronger de l'intérieur tous les pouvoirs jusqu'à ce que tout pouvoir soit remis à un souverain juif qui gouvernerait à jamais un monde pacifié. Les francs-maçons étaient présentés comme des agents inconscients du complot, manipulés par les juifs. Le faux devient le livre de chevet de Hitler, il sert la propagande anti-israélienne dans les pays arabes, anticommuniste dans les pays soumis à une dictature d'extrême droite, et... anticapitaliste dans les pays communistes ! Aujourd'hui, les *Protocoles* sont appelés au secours des thèses révisionnistes (qui nient la réalité du génocide juif et l'existence des chambres à gaz), dans un réseau qui étend ses ramifications en Espagne, en Suède, au Brésil... Conséquences : les maçons sont persécutés pendant la Seconde Guerre mondiale, les pays communistes l'interdisent (sauf Cuba), les régimes d'extrême droite pareillement (Franco, Salazar) et les pays musulmans, surtout là où la Charia est appliquée.

L'antimaçonnisme renaît aujourd'hui en Turquie, conjugué à un antilaïcisme, en Italie, où la maçonnerie est décrite comme une organisation criminelle apparentée à la Mafia, en Espagne, dans les milieux d'extrême droite, dans les pays scandinaves, en Grèce, en Angleterre, sous l'influence des ouvrages à sensation de Stephen Knight (*The Brotherhood*, 1984) et de Martin Short (*Inside the brotherhood*, 1989).

Lors d'un récent colloque sur *Les courants antimaçonniques hier et aujourd'hui* organisé en mai 1993 par l'Université libre de Bruxelles, Jacques Marx a dit justement que l'antimaçonnisme était une mentalité, fondée sur des complexes et des fantasmes, plus qu'une doctrine ou un système de pensée structuré et cohérent. Paradoxalement, les antimaçons pensent qu'il existe une doctrine ou une idéologie maçonnique alors que les termes sont antinomiques. Surprennent finalement l'outrance des stéréotypes et le recours à l'amalgame.

Voir A. DIERKENS (éd.), *Les courants antimaçonniques hier et aujourd'hui*, Bruxelles, 1993 ; P.-A. TAGUIEFF, *Protocoles des Sages de Sion*, Paris, Berg International, 1992 ; J. LEMAIRE, *Les origines françaises de l'antimaçonnisme*, Bruxelles, Éditions de l'Université de Bruxelles, 1985.

C

CINQUIÈME RÉPUBLIQUE

Comment évaluer le rôle joué par la franc-maçonnerie sous la Ve République ? Lorsqu'il devient président de la République le 8 janvier 1959, le général de Gaulle peut aisément ignorer la franc-maçonnerie qui ne joue plus aucun rôle politique déterminant. Seuls deux de ses ministres, Robert Boulin et Philippe Dechartre, en font partie. En 1960, le Grand Orient de France adresse à de Gaulle un message de soutien à sa politique algérienne. Au total, le chef de l'État n'a que peu tenu compte des organisations maçonniques. C'est pourtant sous sa présidence que les obédiences ont commencé à s'extérioriser, à communiquer ouvertement avec le monde profane. Ainsi, dans les années soixante, le Grand Orient organisa des colloques publics sur des grands thèmes de société, entreprit de publier une revue diffusée hors des cénacles maçonniques et intitulée *Humanisme*, et eut droit, comme le Droit Humain ou la Grande Loge, à une émission radiophonique sur *France-Culture*.

Sous Georges Pompidou, les francs-maçons sont plus nombreux, y compris dans les sphères politiques. Jean-André Faucher écrit : « Le pourcentage des élus dans les conseils municipaux, dans les conseils généraux, dans les assemblées parlementaires est moins important que sous la IIIe République, mais il est encore élevé. »

Valéry Giscard d'Estaing composa davantage avec les francs-maçons, sans doute en raison de l'intérêt et de la sympathie qu'il manifesta pour leur institution. Il semblerait même qu'il avait demandé à être initié dans un atelier de la Grande Loge de France mais que le projet avait avorté à cause d'une indiscrétion d'un frère qui en avait fait part au *Canard enchaîné*... Giscard confia un poste ministériel à Jean-Pierre Prouteau, un ancien Grand Maître du Grand Orient de France. Par ailleurs, c'est sous son septennat que les obédiences maçonniques purent voir adoptées sous forme de lois des réformes pour lesquelles elles avaient combattu : contraception, interruption volontaire de grossesse, majorité légale fixée à dix-huit ans.

Avec l'accession au pouvoir de François Mitterrand en mai 1981, la franc-maçonnerie ne perdit point de son influence dans la société, nonobstant le fait que le nouveau président de la République n'était ni maçon, ni sympathisant de la maçonnerie. Mais, comme le dit André Combes, « la marée rose socialiste a considérablement renforcé la Fraternelle parlementaire et le nombre de ministres maçons fut relativement élevé. Il devait diminuer dans le premier gouvernement qui a été formé après les élections législatives de 1986 et remonter en 1988 ». Au nombre des ministres maçons, citons Charles Hernu, Pierre Joxe, Henri Emmanuelli, Joseph Franceschi, Roland Dumas.

Sous Mitterrand, les maçons français du Grand Orient ont vu aussi plusieurs de leurs propositions devenir dispositions légales : suppression de la peine de mort et de la Cour de sûreté de l'État, législation du travail, égalité des femmes, droits des minorités sexuelles.

Voir A. COMBES, *Les trois siècles de la franc-maçonnerie française*, 2e éd., Paris, Edimaf, 1989 ; J.-A. FAUCHER, *Les francs-maçons et le pouvoir. De la Révolution à nos jours*, Paris, Perrin, 1986.

CLIPSAS

Le CLIPSAS est l'abréviation usuelle qui désigne le Centre de Liaison et d'Information des Puissances maçonniques Signataires de l'Appel de Strasbourg.

Il s'agit d'un regroupement d'obédiences non régulières, 43 aujourd'hui, totalisant quelque 80 000 membres et constituant le pendant du bloc régulier placé sous la houlette de la Grande Loge Unie d'Angleterre.

En novembre 1960, le Grand Orient de Belgique et le Grand Orient de France adressaient à de multiples obédiences à travers le monde un appel à un regroupement autour d'une même conception de la franc-maçonnerie, à savoir que « l'essentiel de la Maçonnerie réside dans son idéal social de fraternité et de devoir, et non dans l'observance rigide de quelque usage même traditionnel ». Le 22 janvier 1961, onze obédiences signaient l'Appel de Strasbourg que voici :

« Les puissances maçonniques souveraines réunies à Strasbourg le 22 janvier 1961 et désignées ci-après...

CONSIDÉRANT

1° qu'il est impérieux de rétablir entre tous les francs-maçons la Chaîne d'Union rompue par de regrettables exclusives contraires aux principes des Constitutions d'Anderson de 1723;

2° qu'il importe à cet effet de rechercher en commun, en tenant compte de toutes les traditions, de tous les rites, de tous les symboles, de toutes les croyances, et dans le respect de la liberté absolue de conscience, les conditions qui déterminent la qualité de franc-maçon;

ESTIMENT

que le fait de placer les travaux sous l'invocation du Grand Architecte de l'Univers et d'exiger qu'une des Trois Lumières soit le Livre Sacré d'une religion révélée doit être laissé à l'appréciation de chaque loge et de chaque obédience;

DÉCIDENT

d'établir entre elles des relations fraternelles et d'ouvrir les portes de leurs Temples, sans condition de réciprocité, à tout Franc-Maçon ayant reçu la Lumière dans une Loge juste et parfaite;

FONT APPEL

à tous les francs-maçons pour qu'ils se joignent à cette Chaîne d'Union fondée sur une totale liberté de conscience et une parfaite tolérance mutuelle. »

Le CLIPSAS n'est qu'un centre de liaison d'obédiences et non une organisation maçonnique internationale qui aurait autorité sur les obédiences-membres. Le Centre se réunit deux fois par an, dans des villes européennes principalement car la majorité des membres sont Européens : une réunion est réservée aux Grands Maîtres des obédiences, une autre aux délégués. Grâce au CLIPSAS, des loges de diverses obédiences procèdent à des jumelages. Le Centre propose chaque année des thèmes de réflexion pour les travaux des loges, lesquels thèmes donnent lieu à des synthèses.

Guy Vlaeminck, ancien président du CLIPSAS, écrit ces mots qui donnent une idée de l'ampleur du fossé qui sépare maçonnerie régulière et maçonnerie progressiste :

« Le CLIPSAS constitue aujourd'hui le centre de l'union des maçonneries libérales, situées essentiellement sur le continent européen. Si la maçonnerie dogmatique est incontestablement la plus importante du monde, il n'en va pas de même sur le continent européen où les maçons qui se revendiquent de la liberté de conscience sont au moins aussi nombreux que ceux qui relèvent d'obédiences reconnues par la Grande Loge Unie d'Angleterre. Tous n'adhèrent pas au CLIPSAS, mais il existe entre les obédiences libérales un réseau de relations fraternelles qui englobe parfois des maçons dits "réguliers". »

Voir G. Vlaeminck, *Le Clipsas et l'intégration européenne*, dans J. Lemaire (éd.), *La franc-maçonnerie et l'Europe = La Pensée et les Hommes*, n° 19, Bruxelles, Éditions de l'Université de Bruxelles, 1992.

CONSTITUTIONS D'ANDERSON

Membre de la *Royal Society* et nouveau Grand Maître de la Grande Loge de Londres en 1721, le duc de Montagu demande à James Anderson de rédiger des « constitutions » pour la franc-maçonnerie naissante, c'est-à-dire un texte comprenant à la fois des principes fondateurs et des règlements pratiques destinés à assurer le bon fonctionnement de la jeune institution.

Pasteur de l'Église presbytérienne écossaise, James Anderson (1684 ?-1739) compte parmi les premiers membres de la maçonnerie spéculative. Avec le concours de quatorze frères, dont Jean-Théophile Désaguliers (1683-1744) — ministre de l'Église anglicane et Grand Maître de la Grande Loge en 1719 —, Anderson consulte des *Old Charges*, en particulier le manuscrit Cooke, pour en extraire certains éléments qui serviront d'assise à la société maçonnique moderne. Ce travail aboutit en 1723 avec la publication à Londres, en anglais, d'un livre intitulé *Les Constitutions des francs-maçons. Contenant l'histoire, les obligations, les règlements, etc. de cette très ancienne et très vénérable confrérie.*

L'ouvrage comprend quatre parties : d'abord une histoire légendaire de la maçonnerie, ensuite les obligations ou les devoirs du maçon, puis les règlements généraux, enfin des chants maçonniques accompagnés de leur musique. Les deuxième et troisième parties doivent ici retenir notre attention.

Dans les « obligations » du maçon, on trouve un premier article intitulé « concernant Dieu et la religion » cité ci-après *in extenso* en raison de son importance :

« Un Maçon est obligé, par son engagement, d'obéir à la loi morale, et s'il comprend correctement l'Art, il ne sera jamais un athée stupide ni un libertin irréligieux. Mais quoique dans les temps anciens, les Maçons fussent obligés, dans chaque pays d'être de la religion de ce pays ou nation, quelle qu'elle fût, aujourd'hui, il a été considéré plus commode de les astreindre seulement à cette religion sur laquelle tous les hommes sont d'accord, laissant à chacun ses propres opinions, c'est-à-dire d'être des hommes de bien et loyaux ou des hommes d'honneur et de probité quelles que soient les dénominations ou croyances religieuses qui aident à les distinguer, par suite de quoi, la maçonnerie devient le Centre de l'Union et le moyen de nouer une amitié fidèle parmi des personnes qui auraient pu rester à une perpétuelle distance. »

Ce texte comprend deux idées essentielles et fondatrices. D'une part, il est dit que la maçonnerie est une institution qui réunit des personnes diverses dans une fraternité pluraliste. D'autre part, une condition d'admission est posée : les loges ne sont alors ouvertes qu'à ceux qui partagent « la religion sur laquelle tous les hommes sont d'accord ». En clair, seuls les athées ou les agnostiques sont écartés. La pratique confirme d'ailleurs les principes : les ateliers maçonniques sont composés de chrétiens de toutes confessions, de juifs et de musulmans. Les athées resteront rares au cours du XVIIIe siècle et lorsque, dans certaines loges d'Allemagne, des Pays-Bas autrichiens ou de France, des juifs et des musulmans seront exclus, ce sera avant tout pour des motifs sociaux.

Dans les règlements généraux, il est question, au long de trente-neuf articles, du rôle du Grand Maître, de l'organisation de la Grande Loge et des loges particulières, des relations entre elles.

Dans une deuxième édition des *Constitutions*, parue en

1738, Anderson remplace le début de l'article premier des obligations par : « Un Maçon est obligé, de par sa tenure, d'observer la loi morale en tant que véritable Noachite. » Plus loin, parlant des maçons, il écrit que « tous s'accordent sur les Trois Articles de Noé assez pour préserver le ciment de la loge ». Cette modification a pu être interprétée, sans beaucoup de fondements, comme un retour vers un dogmatisme religieux.

En dépit de l'impossibilité d'appliquer certains articles et de l'évolution multiple de la maçonnerie à travers le monde, dans un sens que n'auraient pas approuvé Anderson et les siens, les *Constitutions* demeurent la charte universelle de l'ordre maçonnique.

Voir D. LIGOU (trad.), *Constitutions d'Anderson, 1723*, Paris, Edimaf, 1984.

D

DÉISME

Le déisme est la croyance en Dieu fondée sur la raison et excluant toute révélation. Il apparaît pour la première fois au XVIIe siècle et marque profondément le Siècle des Lumières, d'abord en Angleterre avec des philosophes comme John Locke, John Toland et Matthew Tindal, puis en France, par l'entremise de Montesquieu et de Voltaire. D'emblée, il s'oppose aux dogmes du christianisme, à l'Église catholique, à ses préjugés et son intolérance. C'est la religion naturelle de l'homme éclairé.

Le déisme serait-il la religion des francs-maçons ? Le fait est qu'il a traversé toute l'histoire maçonnique, du XVIIIe siècle à nos jours. Certes, il a dû battre en retraite au cours de la seconde moitié du XIXe siècle, subir les attaques contre le Grand Architecte de l'Univers puis celles des ésotéristes et des occultistes. Mais il est toujours vivace dans l'esprit de nombre de maçons, de quelque obédience qu'ils viennent. La maçonnerie régulière croit bon de distinguer théisme et déisme, se réclamant du premier courant, lequel suppose la croyance en un Dieu personnel qui a révélé sa volonté aux hommes. En pratique cependant, on constate qu'il n'est pas requis que les maçons réguliers soient strictement théistes. Il leur suffit d'afficher leur croyance en l'Être Suprême. Pour certains, cela est même compatible avec l'agnosticisme.

E

ÉGLISE CATHOLIQUE

Les relations conflictuelles entre l'Église catholique et la franc-maçonnerie commencent en 1738, lorsque le pape Clément XII, dans sa constitution apostolique *In eminenti*, excommunie pour la première fois les francs-maçons.

En interdisant à ses fidèles d'adhérer à la franc-maçonnerie, l'Église catholique engageait un processus irréversible de mésentente et de conflits que l'on s'efforce aujourd'hui encore de juguler.

Pourquoi le pape s'en est-il pris à cette nouvelle société ? Il invoque d'abord le motif de l'immoralité : les maçons n'afficheraient qu'« une apparence d'honnêteté naturelle ». Mais ne peut-on penser, avec Hubert de Thier, que « la nouvelle société est hypocrite et malhonnête, puisque les personnes droites et probes la décrivent ainsi » ? Le secret maçonnique et son corollaire, le serment, sont aussi invoqués. Un secret que l'on n'est pas admis à partager et qui est susceptible d'échapper au confesseur, un serment prêté sur la Bible ne peuvent qu'encourager à soupçonner le pire... Un autre grief retenu est celui de la suspicion d'hérésie, sans qu'aucune hérésie ne soit citée, mais il s'agit de la crainte de voir des catholiques et des fidèles d'autres religions se réunir régulièrement et altérer la pureté de la foi des premiers. En somme, le pape redoute l'indifférentisme.

Vient enfin le motif principal, celui de l'illégalité, qui fait passer au second plan l'argumentation religieuse. Car en réalité, comme l'a bien montré J.A. Ferrer Benimeli, Clément XII réagit comme un souverain, il emboîte le pas aux condamnations civiles de nombreux gouvernants, tant catholiques que protestants et même musulmans, pour qui la faculté de s'associer doit être soumise à leur autorisation et qui voient le secret d'un bien mauvais œil, celui du complot...

C'est sur ces malentendus qu'est fondé le contentieux entre l'Église et la franc-maçonnerie. Le successeur de Clément XII, Benoît XIV, reprend à son compte les griefs précités pour condamner à nouveau une société qu'il connaît mal, dans sa constitution *Providas* (1751). Puis, au XIXe siècle se succèdent une dizaine d'actes pontificaux qui réitèrent en d'autres termes les condamnations antérieures.

L'antimaçonnisme romain culmine en 1884 avec l'encyclique *Humanum genus* de Léon XIII.

Tout cela aboutit à l'élaboration d'une législation contenue dans le *Code de droit canonique* de 1917 qui prévoit, en son canon 2335, que « ceux qui donnent leur nom à une secte maçonnique ou à d'autres associations du même genre qui complotent contre l'Église ou les pouvoirs civils légitimes, contractent par le fait même une excommunication simplement réservée au siège apostolique ». Le seul motif retenu est donc le complot contre l'Église ou contre le pouvoir politique, à l'exclusion des motifs religieux précédemment invoqués par les papes.

Progressivement, surtout après la Seconde Guerre mondiale, des voix se font entendre dans les milieux catholiques pour que le fossé creusé entre les deux institutions soit comblé. Des pionniers comme les jésuites français Berteloot et Riquet étudient la franc-maçonnerie et tentent d'établir un dialogue. Des maçons catholiques, comme par exemple Alec Mellor, trouvent qu'il y a quelque injustice à excommunier des frères qui croient en Dieu et qui ne complotent nullement contre qui que ce soit.

Mais le concile Vatican II va donner une véritable impulsion au mouvement de réconciliation. Dans les décennies soixante et soixante-dix, plusieurs épiscopats de différents pays vont laisser aux fidèles de leurs diocèses la latitude d'adhérer, sous certaines conditions, aux loges maçonniques. En revanche, les années quatre-vingt voient un durcissement des positions du Vatican en même temps qu'un assouplissement des mesures pastorales à l'égard des fidèles francs-maçons. Car, si le nouveau *Code de droit canonique* de 1983 ne parle plus ni de la franc-maçonnerie ni de l'excommunication pour ceux qui en font partie, une déclaration de la Congrégation pour la doctrine de la foi publiée la même année rappelle que « le jugement négatif de l'Église sur les associations maçonniques demeure inchangé » et que « les fidèles qui appartiennent aux associations maçonniques sont en état de péché grave et ne peuvent accéder à la sainte communion ». En pratique cependant, de nombreux catholiques qui se déclarent publiquement francs-maçons n'encourent aucune peine et nombreux sont ceux qui demandent que l'Église accepte enfin sans sourciller le principe de la double appartenance.

En France, les dernières tentatives de rapprochement sont marquées par quelques étapes importantes : le colloque de Toulouse de 1987, organisé conjointement par l'Iderm (Institut d'étude et de recherche maçonniques dépendant du Grand Orient de France) et par le Service Incroyance-Foi de l'Église catholique de France. En 1992, Michel Barat, grand maître de la Grande Loge de France, a rencontré un évêque français, Mgr Thomas. A Bruxelles, en novembre de la même année, une soirée a fait se rencontrer et dialoguer chrétiens et francs-maçons. L'évêque d'Anvers y participait.

Voir L. NEFONTAINE, *Église et Franc-maçonnerie*, Paris, Chalet, 1990 ; J.A. FERRER BENIMELI, *Les archives secrètes du Vatican et de la franc-maçonnerie*, Paris, Dervy-Livres, 1989 ; *Église-Maçonnerie. Condamnations ou malentendu ?* (Actes du Colloque de Toulouse des 7-8 février 1987), éd. Sif-Iderm (épuisé) ; P. PISTRE, « La franc-maçonnerie aujourd'hui », dans *Esprit et Vie*, 13 juin 1991 ; R.F. ESPOSITO, *Santi e Massoni al servizio dell'uomo. Vite parallele*, Foggia, Bastogi, 1992.

ÉGLISES CHRÉTIENNES

L'histoire et l'actualité des attitudes des Églises chrétiennes vis-à-vis de la franc-maçonnerie ne présentent pas le même caractère conflictuel permanent que celles de l'Église catholique.

L'Église anglicane d'Angleterre, Église d'État dont le chef est le souverain britannique, ne trouva pendant longtemps rien à redire au sujet de l'appartenance de ses membres à la franc-maçonnerie. Et pour cause : plusieurs rois et membres de la famille royale étaient maçons, comme le roi George VI, les ducs de Windsor et de Kent, et beaucoup d'évêques et de pasteurs anglicans l'étaient également, comme l'archevêque de Canterbury Geoffroy Fisher. C'est dans les années 1950 que les premiers questionnements au sujet de la double appartenance furent publiquement formulés, par des pasteurs et des théologiens. Le ver était dans le fruit. En 1985, le synode de l'Église anglicane décidait de constituer une commission chargée de préparer un rapport pour le synode national de 1987. Cette année-là, le synode adoptait, par 394 voix contre 52, un rapport critique à l'encontre de la maçonnerie. Étaient dénoncés le serment, le caractère hérétique, l'indifférentisme, les rituels blasphématoires... Mais si le synode de 1987 ne donna pas lieu à une interdiction de la double appartenance, il découragea fortement les fidèles et surtout le clergé d'appartenir à la maçonnerie.

Du côté des diverses Églises et confessions protestantes, on ne relève pas d'homogénéité dans les multiples prises de position. S'il est vrai que la maçonnerie est née en terrain protestant (Anderson et Désaguliers étaient pasteurs), il n'en est pas moins vrai qu'à la même époque plusieurs gouvernants protestants n'hésitèrent pas à interdire et à condamner la franc-maçonnerie (Allemagne, Suisse, Pays-Bas, Suède). Mais, d'une manière générale, les Églises issues de la Réforme admettent le principe de la double appartenance, aussi bien les Églises luthériennes que les Églises calvinistes ou réformées. C'est qu'il y a des similitudes dans les manières de penser : le libre examen, le pluralisme, la tolérance, l'adogmatisme, etc.

Cependant, les Églises évangéliques ou fondamentalistes voient d'un mauvais œil la double appartenance, de même que des mouvements religieux minoritaires. Les quakers américains ne peuvent être initiés à cause du serment qu'il faut prêter en loge mais la Grande Loge Unie d'Angleterre les dispense de ce serment. L'Armée du Salut condamne l'adhésion à la franc-maçonnerie pour ses officiers, mais non pour les membres ordinaires. Les mormons interdisent la double appartenance. Le fondateur de l'Église méthodiste, John Wesley, était hostile à la maçonnerie, mais beaucoup de membres de sa société en firent partie. En 1987 toutefois, la réunion nationale de l'Église méthodiste se prononça contre la double appartenance. Enfin, dans les années 1980, plusieurs Églises protestantes d'Écosse *(Free Church of Scotland, Free Presbyterians, Church of Scotland)* soulignèrent fermement l'incompatibilité entre la foi chrétienne et la franc-maçonnerie.

Reste à évoquer l'attitude de l'Église orthodoxe. L'Église orthodoxe grecque s'est toujours opposée à la franc-maçonnerie, mais le patriarche orthodoxe de Constantinople Athénagoras Ier (1886-1972) en faisait partie. Aujourd'hui, l'antimaçonnisme grec est alimenté par les prêtres orthodoxes, comme en Roumanie. En réalité, l'orthodoxie chrétienne est divisée en seize Églises autonomes et il n'y a pas une seule et même attitude vis-à-vis de la maçonnerie. En France par exemple, aucune incompatibilité n'est relevée par les autorités religieuses.

Voir *Chrétiens et francs-maçons dialoguent = La Pensée et les Hommes*, Bruxelles, Éditions de l'Université de Bruxelles, n° 23, 1993.

ÉGYPTOMANIE

L'égyptomanie pourrait être définie comme une propension excessive à référer à l'Égypte antique. Cette manie a atteint les francs-maçons, très tôt dans leur histoire.

En 1731, l'abbé Jean Terrasson, professeur au Collège de France et membre de l'Académie française, publie un roman philosophique intitulé *Sethos, histoire ou vie tirée des monuments, anecdotes de l'ancienne Égypte*. Ce livre va connaître une fortune considérable dans les milieux maçonniques, il sera traduit en plusieurs langues. Le maçon Schikadener, librettiste de *La Flûte enchantée*, s'en inspire pour composer le livret de l'opéra et des maçons allemands s'en servent en loge. Les francs-maçons français s'intéressent de très près aux travaux de la nouvelle science qu'est l'égyptologie. Cagliostro, alias Joseph Balsamo (1743-1795) se baptise Grand Cophte d'un rite maçonnique égyptien fondé par lui. On y trouve des symboles comme la pyramide, le scarabée, les hiéroglyphes, les têtes de sphinx, etc.

Cet événement marque le début de l'égyptomanie maçonnique, laquelle va perdurer tout au long du XIXe siècle à la faveur de l'expédition de Bonaparte en Égypte, des découvertes de Champollion et du transfert de l'obélisque à Paris. L'égyptomanie du siècle finissant entrait en concurrence avec le catholicisme : « La Révolution, en ranimant les divinités égyptiennes, combattait l'Église et démolissait les preuves de l'existence de Dieu. En 1794, les dogmes catholiques seront méthodiquement démantelés à l'aide du mythe égyptien. La théogonie égyptienne devient un instrument d'athéisme et en même temps une croyance secrète », écrit Hubert Mogès. On devrait cependant parler de déisme non religieux plutôt que d'athéisme. En 1794, Charles Dupuis publie son *Origine de tous les cultes ou religion universelle* dans lequel il situe l'origine de tous les cultes en Égypte. Le maçon Lalande reprend à son compte la thèse de Dupuis, tout comme Antoine Court de Gébelin, membre de la loge des Neuf Sœurs.

L'orientalisme et l'égyptomanie gagnent aussi les milieux maçonniques de l'Angleterre du XVIIIe siècle. Les revues maçonniques de la fin du siècle diffusent dans les loges les discours et les découvertes de William Jones (1746-1794) qui étudie le sanscrit, publie une grammaire persane et fonde la Société Asiatique.

Tout au long du XIXe siècle, les maçons affichent un goût marqué pour l'Antiquité et pour l'Orient. Dans le contexte du déisme, l'Égypte reste la destination philosophique préférée. Alexandre Lenoir (1761-1839), un maçon parisien, est le créateur du musée des Monuments français et administrateur des Antiquités nationales. Élève de Dupuis, il est un admirateur passionné de l'Égypte ; là, selon lui, se trouve la véritable origine de la maçonnerie et de ses symboles.

Au XXe siècle, l'égyptomanie est toujours présente dans la franc-maçonnerie. Elle trouve à s'exprimer dans le style décoratif des loges, comme par exemple dans le très beau Grand Temple du Grand Orient de Belgique, rue de Laeken à Bruxelles. On retrouve le même style empire dans beaucoup de loges en Belgique et en France, avec les obélisques, les pyramides et les sphynx. Par ailleurs, il est encore des maçons pour voir dans l'Égypte antique, non l'origine historique de la maçonnerie, mais une des sources de l'ésotérisme maçonnique. Aux Pays-Bas, une revue maçonnique écrite par des frères du Grand Orient s'appelle *Thoth*, du nom du dieu égyptien de la sagesse et de la vérité.

ÉTHIQUE

Il existe une éthique maçonnique qui transcende les divisions obédientielles. Même si les fondements de cette éthique peuvent varier d'un maçon à l'autre, les pratiques sont assez homogènes. Ainsi, le philanthropisme est une marque de la franc-maçonnerie, surtout anglo-saxonne. En Angleterre et aux États-Unis, nombreux sont les hôpitaux, les écoles, les orphelinats, les maisons de repos fondés par des maçons, des loges ou des obédiences. Ce caractère philanthropique est aussi perceptible dans les maçonneries libérales, quoique de manière plus discrète. Il dépasse souvent les limites des loges pour s'adresser à tous, sans distinction d'appartenance confessionnelle ou philosophique.

Le respect de la morale est un élément primordial dans la vie du franc-maçon. Anderson avait déjà dit que le maçon devait être un homme bon, loyal, d'honneur et de probité, mais aussi un paisible sujet des pouvoirs civils. Ces recommandations ont été inlassablement répétées au long de trois siècles d'histoire de la maçonnerie. Ainsi, le symbolisme a souvent été interprété dans un sens moral, comme un encouragement à la pratique des vertus.

Comme toute morale, la morale maçonnique est évolutive. Les notions de charité et de culte au Grand Architecte de l'Univers ont fait place aux idéaux de solidarité et à l'adhésion formelle ou non à un principe supérieur.

En 1838, le Grand Orient de Belgique a fait frapper une médaille sur laquelle étaient gravés des préceptes moraux, toujours d'actualité, notamment : « Aime ton prochain. Ne fais point le mal. Fais le bien. Laisse parler les hommes. Aime les bons, plains les faibles, fuis les méchants, mais ne haïs personne. Écoute toujours la voix de ta conscience. Évite les querelles, préviens les insultes. Mets toujours la raison de ton côté. Ne flatte point ton frère, c'est trahison. Respecte les femmes, n'abuse jamais de leur faiblesse et meurs plutôt que de les déshonorer. Ne juge pas légèrement les actions des hommes. Ne blâme point et loue encore moins. »

Au-delà de ces préceptes qui prennent parfois l'allure de recettes, les bases de la morale maçonnique sont la liberté, la fraternité, l'égalité et la tolérance, mises en œuvre dans le but de construire le temple parfait de l'humanité. Ainsi, comme l'écrit Jean-Jacques Hoebanx, « s'il fallait définir en peu de mots la franc-maçonnerie, on pourrait dire qu'il s'agit d'une association d'hommes de bonne volonté venus d'horizons différents pour contribuer en commun à l'amélioration de la condition humaine. Il s'agit d'hommes et de femmes qui veulent introduire l'harmonie là où il n'y a que confusion, *ordo ab chao* ».

La morale pratiquée par les frères est une morale universelle, rationnelle, qui va un peu plus loin que le décalogue. On peut la définir comme une morale bourgeoise, ou comme une morale laïque et progressiste, selon les points de vue et les pratiques. Mais elle n'est pas une morale religieuse — la pratique des vertus n'exige pas l'amour jusqu'à la mort, le don de soi, le sacrifice — ni davantage une morale mystique — la conduite du maçon n'est pas dictée par les effets d'une fusion ou d'une communion avec une divinité, même rationnelle.

Finalement, si l'on est bien en peine de proposer une définition de l'éthique maçonnique qui soit valable en tous temps et en tous lieux, on peut au moins avancer que cette éthique prétend à l'universalité, en dépit des contradictions internes qui surgissent inévitablement avec le temps.

F

FEMMES

Strictement masculine à ses origines, la franc-maçonnerie a progressivement et partiellement accepté les femmes, sous l'effet de revendications féministes et de l'évolution inéluctable des sociétés modernes.

Dans ses *Constitutions*, Anderson écrit que les personnes qui veulent devenir francs-maçons doivent être « hommes de bien et loyaux, nés libres et d'âge mûr et discrets, ni serfs, ni femmes, ni hommes immoraux et scandaleux, mais de bonne réputation ». Cette exclusion fondée sur des associations péjoratives n'était guère flatteuse pour la gent féminine. Mais dans la mentalité du XVIIIe siècle, il n'y avait là rien que de normal, la femme n'étant pas considérée à l'égal de l'homme, comme une personne libre.

Cependant, afin de rester en bons termes avec leurs compagnes, les frères français de la seconde moitié du XVIIIe siècle prirent l'initiative de créer des loges féminines « paramaçonniques », appelées « loges d'adoption », où se retrouvaient leurs épouses, leurs sœurs, leurs parentes, pour la plupart issues de la haute noblesse. Dans ces cercles mondains, les femmes calquaient les rituels maçonniques, trouvant là l'occasion de devenir apprentie, compagnonne ou maîtresse, quand elles ne s'aventuraient pas dans des degrés plus élevés. En tout cas, si elles n'étaient pas reconnues comme de véritables maçonnes, ces dames travaillaient sérieusement, animées des meilleures intentions qui les faisaient se placer sous un double mot d'ordre : vertu et bienfaisance. En 1774, le Grand Orient de France prenait les loges d'adoption « en considération ». Avant la Révolution, il y en avait une quarantaine, soit environ 5 % des loges françaises. Au cours du XIXe siècle, elles disparurent presque toutes.

Il faut attendre la fin du XIXe siècle pour voir la franc-maçonnerie accepter enfin les femmes, mais bien malgré elle... C'est en effet en 1893 que Maria Deraismes fonde, avec Georges Martin, la Grande Loge Symbolique Écossaise Mixte de France Le Droit Humain, devenue en 1899 l'Ordre maçonnique mixte international Le Droit Humain. En réalité, Maria Deraismes (1828-1894), militante féministe, libre penseuse et républicaine, a forcé la porte du temple en se faisant initier en 1882. En fondant une obédience mixte, elle entre en opposition avec les obédiences masculines. En 1921 toutefois, le Grand Orient de France reconnaît cette obédience sœur engagée, comme lui, dans le combat laïque et républicain. Aujourd'hui, l'Ordre mixte du Droit Humain compte des fédérations sur tous les continents, mais en beaucoup de pays ses ateliers sont composés majoritairement de femmes, les hommes préférant le plus souvent se retrouver entre eux.

En 1952 naissait la Grande Loge Féminine de France, issue de la Grande Loge de France. Seules les femmes y sont initiées, mais quelquefois des hommes y sont admis comme visiteurs. Cette obédience a créé nombre de loges hors de France car ce type de maçonnerie a le vent en poupe. Elle est en pleine expansion en Angleterre et en Allemagne par exemple, pays où les ateliers maçonniques n'ont longtemps accueilli que des hommes.

Enfin, il faut parler des ordres paramaçonniques féminins. Depuis 1830 existe aux États-Unis l'*Eastern Star*, réservé aux épouses, aux sœurs et aux filles des francs-maçons, et dont l'importance numérique n'est pas négligeable (environ trois millions de membres). Aux Pays-Bas, on trouve un Ordre des fileuses, réservé presque exclusivement aux épouses des maçons. Il s'agit ici d'une tentative pour remplacer la symbolique des constructeurs, spécifiquement masculine, par une thématique plus féminine, celle du tissage et de la broderie. De telles idées avaient déjà été émises par René Guénon et par Oswald Wirth, qui plaidaient pour une initiation féminine en dehors de la franc-maçonnerie.

Que l'on soit pour ou contre, l'accession des femmes dans les loges maçonniques est une réalité sociologique dont il faut nécessairement tenir compte.

Voir J.-P. Bacot, *Les filles du pasteur Anderson. Deux siècles de franc-maçonnerie mixte et féminine en France*, Paris, Edimaf, 1988; R. Boyau, *Le Droit Humain*, 1976.

FRANC-MAÇONNERIE

Une définition lapidaire d'une institution hétérogène n'est jamais chose aisée, soit que les limites en sont trop floues, soit qu'à trop vouloir la détailler on finisse par oublier certains de ses aspects. Définir la franc-maçonnerie comme une société philadelphique, philanthropique et discrète ne permet pas de la distinguer d'autres associations, et dire d'elle qu'elle est une association d'hommes et de femmes qui se réunissent dans un endroit appelé loge pour pratiquer un rituel fondé sur l'art de bâtir et pour construire des individus et une société meilleure est forcément réducteur et ne permet pas de rendre compte de sa diversité interne. Une définition complète et univoque de la franc-maçonnerie s'apparenterait alors à une description qui, même succincte, ne tiendrait pas en quelques phrases. Les innombrables essais de définition proposés par les dictionnaires et les encyclopédies trahissent une impossibilité à appréhender le phénomène maçonnique dans toute sa richesse et ses contradictions.

Devant ce qui peut apparaître comme un faux-fuyant de théoricien en mal de complexité et à défaut d'une approche positive qui satisfasse aux critères d'exhaustivité et de concision, nous proposons de cerner ici la nature de la franc-maçonnerie par cercles concentriques, en précisant ce qu'elle n'est pas, en la définissant négativement.

La franc-maçonnerie est-elle une religion? Les francs-maçons eux-mêmes répondent par la négative. Les historiens des religions la classent dans la catégorie des religions civiles ou religions séculières, ce qui ne laisse pas d'être ambigu et peu opératoire. S'il faut en croire les maçons anglo-saxons, la maçonnerie serait une « servante de la religion » *(handmaid of religion)* n'entrant pas en concurrence avec la pratique d'une autre religion ou avec l'adhésion à une philosophie, pourvu qu'elle reconnaisse l'existence de l'Être Suprême et de l'âme immortelle. Mais les maçons sans religion ne peuvent se reconnaître dans une telle définition qui, pour le surplus, semble subordonner la pratique maçonnique à la pratique religieuse. Une chose cependant surprend l'observateur extérieur : la maçonnerie présente des structures et des formes qui ne sont pas sans rappeler celles des religions, même si, c'est entendu, il n'y a pas de dogmes, de sacrements, de clergé, etc. Il semble donc difficile d'affirmer que la maçonnerie est une religion, encore moins qu'elle est une Église. Qu'elle réponde à des besoins qui, pour une part, sont ceux comblés par les religions est indéniable. Et que la maçonnerie régulière qui impose la croyance en Dieu soit taxée de dogmatique par la maçonnerie non régulière est semblablement révélateur. Mais il se trouvera toujours l'un ou l'autre frère pour se défendre d'avoir à satisfaire une quelconque aspiration au mysticisme ou à la religiosité. Et si, pour intégrer plus aisément la maçonnerie dans le cadre des religions civiles, on se borne à réduire la religion à ses aspects associatif et psychosociologique, quel besoin y a-t-il à parler encore de religion ?

La franc-maçonnerie est-elle une secte ? La question peut paraître saugrenue ou de pure forme, quand on sait que ni les maçonnologues ni les maçons ne la considèrent comme telle et que le terme a été utilisé par les seuls antimaçons catholiques ou chrétiens. Daniel Beresniak affirme sans ambages que « la franc-maçonnerie n'est pas une secte. Elle n'emploie pas ces méthodes. Elle ne contraint personne. Elle n'a pas de gourou et n'exige pas de ses membres une soumission de tous les instants ». Pourtant, certains aspects de la franc-maçonnerie donnent à penser que le problème n'est pas aussi vite résolu... Le frère René Pieyns remarque que le néophyte s'engage par serment « à des obligations qu'il n'a pas encore appris à évaluer ». Organisme fermé, la maçonnerie contrôle l'information qui va vers l'extérieur. Un conditionnement s'exerce par les attitudes, signes, pas, rythmes, répétitions, etc. Il y a une légère manipulation sémantique qui fait que des mots ou expressions n'ont pas le même sens dans les loges ou en dehors des loges. Il existe des obligations morales tacites : « obligation d'être tolérant, discret, solidaire et honnête ». Enfin, ne peut-on trouver une manipulation affective dans « la réception pseudo-cordiale de nouveaux membres, le sentiment de communauté et le chant choral » ?

Peut-on définir la franc-maçonnerie comme une spiritualité ? Beresniak n'hésite pas à le faire, arguant du fait qu'elle « affirme la suprématie de l'esprit sur la matière ». Certes, mais à ce compte, tout est spiritualité...

La définition d'André Doré semble satisfaisante : la maçonnerie est pour lui un *ordre initiatique* car « un ordre initiatique n'a jamais de doctrine, il confère une initiation, qui met sur le chemin, le chemin de la conquête de soi, de la Recherche, non des Vérités toujours contingentes, mais de la Vérité, qui est un état de l'Être, et qu'elle jalonne au fur et à mesure de l'avancement sur la Voie ». Définition assez large pour pouvoir emporter l'assentiment des maçons de toutes tendances, même si elle a des accents guénoniens...

Voir R. Pieyns, *L'itinéraire du compagnon*, Bruxelles, Grand Orient de Belgique, 1992 ; A. Doré, « Religions et franc-maçonnerie », dans *Bulletin du Grand Collège des Rites*, n° 93, mai 1980, Paris, Grand Orient de France.

FRANCS-MAÇONS

Ce mot composé a une origine lointaine et son étymologie n'aide que partiellement à comprendre son sens premier. Il apparaît pour la première fois en 1376 dans un manuscrit anglais, sous la forme *freemason*. Pour les historiens anglais, il s'agit d'un sculpteur qui taille la *freestone*, la pierre tendre et sableuse, et non la *roughstone*, la pierre dure. D'où une distinction entre le *freemason*, qui appartenait à une classe supérieure d'ouvriers privilégiés, et le *roughmason*, ouvrier qui taillait la pierre grossière. D'autre part, pour des maçons français principalement, le mot *freemason* aurait désigné un homme libre qui bénéficiait de franchises accordées, pour lui-même ou pour toute sa corporation, par l'Église ou par les souverains.

Il est difficile de contester que le maçon d'aujourd'hui est un homme libre qui, d'une manière symbolique, taille la pierre brute pour en faire une pierre cubique. Mais combien sont-ils à rechercher un perfectionnement personnel et une amélioration du sort de leurs semblables ? Il est impossible de le savoir avec précision. Peut-être sept millions, sans doute moins compte tenu du ralentissement du recrutement aux États-Unis, pays où les maçons sont les plus nombreux. On en est réduit à avancer des chiffres approximatifs, alors que pour certains pays les effectifs sont relativement bien connus, obédience par obédience. Un problème méthodologique important dans ce type de question est la source des données recueillies. Les auteurs se recopient les uns les autres, sans pouvoir confronter leurs hypothèses. Dans la plupart des cas, les chiffres sont ceux avancés par les obédiences. Il n'y a aucune raison de les mettre systématiquement en doute mais il faut garder à l'esprit que, dans un contexte de concurrence, la tentation est grande pour elles de gonfler certains chiffres...

Peut-on dire qui est franc-maçon ? Dans beaucoup de pays, la composition socio-professionnelle des loges est connue, et même la composition politique. Ce sont les personnages célèbres ayant appartenu ou appartenant à la franc-maçonnerie qui retiennent le plus l'attention du grand public. En dehors des musiciens et des écrivains, évoqués ailleurs, on peut citer en premier lieu quelques souverains ou hommes politiques : Léopold Ier, le premier roi des Belges, George Washington, le marquis de Lafayette, George IV, George VI, Édouard VII, Édouard VIII, Joseph Bonaparte, les empereurs d'Allemagne Frédéric Guillaume Ier et Guillaume Ier, Benjamin Franklin, F.D. Roosevelt, Winston Churchill, H.S. Truman, T. Roosevelt, L.B. Johnson, Gerald Ford, Salvador Allende, Abd-el-Kader, Omar Bongo, Éduard Benes, Edmund Burke, le maréchal Joffre, Wellington, et bien d'autres encore. Parmi les artistes, inventeurs, scientifiques et hommes d'affaires célèbres, citons pêle-mêle Bartholdi, le sculpteur français de la statue de la liberté, Alexander Fleming, découvreur de la pénicilline, Edward Jener, découvreur du principe de la vaccination dès 1796, l'Allemand Samuel Hahnemann, propagateur de l'homéopathie, les frères Joseph et Étienne Montgolfier, Edwin Aldrin, le premier homme à marcher sur la lune, Stephen Austin, le père du Texas, Marc Chagall, W.P. Chrysler, industriel de l'automobile, comme Henry Ford, Olds et André

Citroën, Samuel Colt, qui a donné son nom à des revolvers, David Crockett, le héros du Texas, Ovide Decroly, psychopédagogue belge fondateur d'une méthode d'éducation, Cecil B. de Mille, un des pionniers d'Hollywood et producteur de films, Henri Dunant, fondateur suisse de la Croix-Rouge, l'acteur Clark Gable, l'Américain K.C. Gillette, inventeur d'un rasoir qui ne soit plus une arme, le peintre espagnol Juan Gris, le Français Joseph Guillotin, qui a laissé son nom à une machine redoutable, le comédien américain Oliver Hardy, l'hôtelier américain Hilton, l'Anglais F.G. Hopkins, biochimiste connu pour ses recherches sur les vitamines, l'artiste Houdini, l'aviteur Charles Lindbergh, John Macadam, inventeur écossais d'un procédé de recouvrement des routes, George M. Pullman et ses voitures de train, Joseph Smith, fondateur de l'Église des mormons, l'acteur John Wayne, etc.

Faire revivre ainsi une galerie de portraits n'est pas seulement une entreprise de publicité pour la maçonnerie. C'est aussi la meilleure illustration qui soit de sa diversité.

FRATERNITÉ

La franc-maçonnerie est certainement une fraternité au sens propre du terme, les membres d'une loge se considérant comme frères et s'efforçant de se manifester un amour et une entraide sans failles. Cependant, comme dans toute communauté, l'esprit fraternel est parfois mis à mal, et des dissensions sont portées sur la place publique.

Historiquement, le mot apparaît déjà dans les Constitutions d'Anderson. Tout au long des XVIIIe et XIXe siècles, la fraternité désigne l'amour fraternel et l'entraide. Ce qui importe pour le maçon, c'est le vécu de cette fraternité au sein de sa loge, seule condition à son progrès : « Le franc-maçon ne se perfectionnera pas s'il règne dans la loge une atmosphère hostile ou peu sympathique. Toutes les choses, petites et grandes, qu'il faut faire pour organiser l'atelier comme une entité cohérente et vivante, ne peuvent voir le jour que si les Frères sont unis. La loge ne pourra atteindre les buts qu'elle se propose, soit pour fonctionner convenablement, soit face au monde extérieur, que s'il existe une collaboration confiante entre ses membres. Tout cela, les enfants d'Hiram le savent. Ils savent aussi que leur idéal est lointain. Mais les meilleurs d'entre eux y aspirent et aussi longtemps qu'ils continueront à le faire, la franc-maçonnerie effectuera un travail utile » (A. Van den Abeele).

Voir A. VAN DEN ABEELE, *Les enfants d'Hiram*, Bruxelles, Roularta Books, 1992.

G

GRADES

Le Grand Orient de France définit la franc-maçonnerie comme une institution progressive. Les grades sont l'expression de cette méthode graduelle. Il faut voir dans la succession des degrés un cheminement personnel, un parcours jalonné par des épreuves et non un système hiérarchique. Un frère est reconnu comme pleinement maçon dès qu'il a atteint le troisième degré, celui de maître. Il lui est donc loisible de poursuivre ou non son itinéraire, en fonction de ses aspirations et du temps disponible. Il ne faut pas confondre grades et fonctions. Le vénérable d'une loge n'est pas nécessairement celui qui a le grade le plus élevé, tout comme le grand maître d'une obédience peut ne pas être revêtu d'un haut grade. Les trois premiers degrés (apprenti, compagnon, maître) sont communs à tous les rites maçonniques, ils forment la base de la franc-maçonnerie, ils forment la franc-maçonnerie « bleue » car en Angleterre et en France, les décorations de la loge et les rubans étaient de couleur bleue.

Suivent les degrés supérieurs, ou hauts grades, qui forment la maçonnerie « rouge ». Ils sont légion, mais beaucoup moins nombreux qu'au XVIIIe siècle, qui connaissait un foisonnement impressionnant de hauts grades dus à des créateurs passionnés d'ésotérisme et parfois financièrement intéressés... A celui qui progressait et recevait les diplômes chèrement conquis s'ouvrait l'espoir de révélations hors du commun, de la communication de secrets d'initiés inaccessibles aux maçons de la base, de l'entrée dans un monde supérieur et hautement aristocratique.

Aujourd'hui, les maçons anglo-saxons sont moins enclins que les autres à pratiquer les hauts grades. Il existe cependant un grade « complémentaire » au grade de maître, le *Royal Arch*, assez fréquemment pratiqué. Pour le reste, les degrés supérieurs sont considérés comme des « *side degrees* », faisant partie de la « *side masonry* », et présentent souvent des aspects colorés, voire folkloriques, surtout aux États-Unis. Il n'est que de feuilleter les revues maçonniques américaines, richement illustrées, pour se convaincre que le rituel et les décors servent ici d'amusement et de base à une action philanthropique d'envergure. On est à cent lieues du cheminement philosophique recherché par les hauts grades de la maçonnerie continentale.

Dans le Rite Écossais Ancien et Accepté, on trouve trente-trois degrés (y compris les trois premiers des loges bleues) répartis comme suit : Maître secret, Maître parfait, Secrétaire intime, Prévôt et Juge, Intendant des Bâtiments, Maître Élu des Neuf, Illustre Élu des Quinze, Sublime Chevalier Élu, Grand Maître Architecte, Chevalier de *Royal Arch*, Grand Élu de la Voûte sacrée ou Sublime Maçon (= les loges de perfection) ; Chevalier d'Orient ou de l'Épée, Prince de Jérusalem, Chevalier d'Orient et d'Occident, Souverain (ou Sublime) Prince Rose-Croix (= les chapitres) ; Grand Pontife ou Sublime Écossais de la Jérusalem céleste, Vénérable Grand Maître de toutes les loges régulières, Chevalier Prussien ou Patriarche Noachite, Chevalier Royal Hache ou Prince du Liban, Chef du Tabernacle, Prince du Tabernacle, Chevalier du Serpent d'Airain, Écossais trinitaire ou Prince de Mercy, Grand Commandeur ou Souverain Commandeur du Temple de Jérusalem, Chevalier du Soleil, Grand Écossais de Saint-André d'Écosse, Grand Élu Chevalier Kadosch ou Chevalier de l'Aigle blanc et noir (= les aréopages) ; le 31e degré est celui de Grand Inspecteur Inquisiteur Commandeur, le 32e est le Sublime

Prince du Royal Secret et le dernier le Souverain Grand Inspecteur Général. Beaucoup de ces grades sont « communiqués », c'est-à-dire qu'ils sont conférés automatiquement, sans travail préalable et sans initiation.

Le Rite Écossais Rectifié ne comporte que six grades, tandis que l'Ordre de Memphis-Misraïm en compte quatre-vingt-quinze. Ainsi, aujourd'hui encore, il se trouve des frères qui collectionnent les grades, les diplômes et les décors en fréquentant plusieurs ateliers de la maçonnerie rouge.

Voir J.-P. BAYARD, *Le symbolisme maçonnique traditionnel*, tome 2 : *Hauts-Grades et Rites Anglo-Saxons*, Paris, Edimaf, 1987.

GUÉNON

René Guénon (1886-1951), né dans une famille catholique de Blois, s'installe à Paris à l'âge de dix-huit ans pour étudier les mathématiques puis la philosophie. De 1905 à 1912, il fréquente divers groupes occultistes comme l'École Hermétique de Papus (alias Gérard Encausse) ou l'Ordre Martiniste. Il est probablement reçu maçon en 1907, et admis dans la loge Thébah (Grande Loge de France). En 1909, il entre dans l'Église gnostique et fonde, sous le nom gnostique de Palingénius, la revue *La Gnose*. De 1912 à 1927, Guénon est surtout marqué par le catholicisme. Enfin, de 1930 à sa mort, les influences de la franc-maçonnerie, de l'hindouisme et de l'islam sont pour lui prédominantes. En 1930, il s'installe au Caire, où il restera jusqu'à sa mort, obtenant même la nationalité égyptienne. Converti à l'islam, il prend le nom du Sheikh Abdel Wahêd Yahia et est initié au soufisme.

Parmi ses nombreux ouvrages, il faut citer : *Aperçus sur l'initiation* (1946), *La Crise du Monde Moderne* (1927), *Les États multiples de l'Être* (1932), *Études sur la Franc-Maçonnerie et le Compagnonnage* (1965), *Symboles fondamentaux de la Science sacrée* (1962), *Le Symbolisme de la Croix* (1931). Plusieurs de ses livres sont traduits en anglais, en espagnol, en italien et en allemand.

Pour Pierre Riffard, la pensée de Guénon relève du « traditionnisme », car « le concept central chez Guénon est bien celui de Tradition, entendue comme un ensemble de principes universels et éternels exprimé par diverses doctrines (comme le soufisme), par divers rites (comme ceux de la franc-maçonnerie), au moyen de symboles ». Plus précisément, Guénon a développé l'idée de l'existence d'une Tradition spirituelle primordiale, qui trouve son origine dans les premiers âges de l'humanité, qui est donc antérieure aux grandes traditions religieuses et qui survit aujourd'hui grâce à la seule transmission initiatique. A ses yeux, en Occident, seuls le compagnonnage et une franc-maçonnerie authentique peuvent s'honorer d'avoir maintenu la continuité de la chaîne des initiations traditionnelles, en raison de leur ésotérisme profond.

Ceci nous amène à examiner la question des liens entre la pensée guénonienne et la franc-maçonnerie. Jean-Pierre Laurant constate avec justesse que « les références à la franc-maçonnerie restaient nombreuses dans ses livres mais sans effet dans sa vie. Il n'en parlait jamais, ni de son appartenance passée, bien que se présentant comme détenteur d'une vérité absolue ». Il est vrai que Guénon ne fréquenta que très peu les ateliers maçonniques, pendant sa jeunesse seulement. Mais, si jusqu'à la fin de la Seconde Guerre mondiale, ses écrits ne touchèrent que rarement les milieux maçonniques, ils trouvèrent par contre un lectorat beaucoup plus large, y compris dans les loges, après 1945, et davantage au sein des maçonneries latines (France, Italie, Espagne, Amérique latine) qu'à l'intérieur de la franc-maçonnerie anglo-saxonne, moins ouverte à l'ésotérisme du catholicisme. Aujourd'hui, les travaux de Guénon gardent un extraordinaire retentissement chez les maçons préoccupés par les notions d'ésotérisme, de symbolisme, d'initiation, de rites et de mythes.

A propos du symbole du Grand Architecte de l'Univers par exemple, Guénon affirmait qu'il constituait un symbole initiatique et que, pour cette raison, il convenait de s'en faire une idée rationnelle, bien éloignée du Dieu irrationnel des « religions anthropomorphiques ». Pour lui, le Grand Architecte de l'Univers devait être compris dans le cadre du symbolisme maçonnique, « qu'il domine et éclaire tout entier ». Dans cette perspective, le Grand Architecte ne doit pas être assimilé au Créateur, mais seulement à celui qui trace le plan idéal de l'univers.

Voir J.-P. Laurant (dir.), *Cahier René Guénon*, Paris, L'Herne, 1985 ; P.-M. Sigaud (éd.), *René Guénon* (coll. *Les Dossiers H*), Lausanne, L'Age d'Homme, 1984 ; *René Guénon*, n° spécial des *Cahiers de l'Homme-*

Esprit, 1973; D. ROMAN, *René Guénon et les destins de la franc-maçonnerie*, Paris, Édit. de l'Œuvre, 1982.

H

HIRAM

La figure d'Hiram occupe une place importante dans le système rituélique et initiatique de la franc-maçonnerie. En effet, l'initiation au grade de maître s'articule autour de ce mythe lié à la construction du temple de Salomon.

Hiram est un personnage biblique. Dans le Premier Livre des Rois, 7, 13-14, on lit : « Salomon envoya chercher Hiram de Tyr ; c'était le fils d'une veuve de la tribu de Nephtali, mais son père était Tyrien, ouvrier en bronze. Il était plein d'habileté, d'adresse et de savoir pour exécuter tout travail de bronze. Il vint auprès du roi Salomon et il exécuta tous ses travaux. » Dans le Second Livre des Chroniques, 2, 12, il est question du même Hiram, présenté comme « un homme habile et intelligent ». Mais il y a dans la Bible un second Hiram : c'est le roi de Tyr, contemporain de Salomon.

Le mythe maçonnique a fait d'Hiram l'architecte du temple de Jérusalem, un véritable maître en construction qui était plus qu'un habile fondeur. A partir de là se sont développées, dès la première moitié du XVIIIe siècle, plusieurs versions du mythe hiramique qui, de toute évidence, abordent le thème de la palingénésie dans un scénario commun.

Le maître architecte Hiram est approché par trois compagnons, qualifiés de « mauvais » parce qu'ils veulent lui arracher de force les secrets professionnels de la maîtrise. Devant son refus de leur transmettre ses secrets, Hiram est assassiné par les compagnons puis enseveli aussitôt. Informé de la disparition d'Hiram, Salomon ordonne que des maîtres partent à sa recherche. Grâce à une branche d'acacia sortant de terre, les maîtres découvrent le cadavre.

Comment les maçons ont-ils interprété cette légende ? Pour eux, il s'agit avant tout de s'identifier à Hiram. L'acacia, symbole d'incorruptibilité et de renouvellement, montre qu'il s'agit ici d'une résurrection symbolique, vécue en un véritable psychodrame par le compagnon qui accède à la maîtrise et qui passe ainsi de la mort à la vie. Communier au mythe hiramique, c'est aussi, pour l'initié, prendre conscience que les secrets de la maîtrise et, partant, ceux de la franc-maçonnerie, sont incommunicables et inviolables par nature. Les trois mauvais compagnons symbolisent trois défauts indignes d'un véritable frère : l'ignorance, l'ambition et le fanatisme.

Raoul Berteaux distingue quatre thèmes principaux contenus dans la légende d'Hiram. Le premier thème est celui du temple universel : le temple de Salomon devient symbole du temple de la Jérusalem céleste, un temple universel « libéré de toutes contingences artisanales et artistiques ». En deuxième lieu, on trouve le thème du meurtre rituel : le sacrifice d'un héros mythique a lieu dans un espace-temps sacré, le temple universel, et le candidat à la maîtrise y participe activement. Le troisième thème est celui de la palingénésie ; l'initié va naître à nouveau. Enfin, le quatrième thème est celui de la « parole perdue » : les frères qui cherchent le corps d'Hiram finissent par le trouver, mais non le mot du maître-maçon qui sert à le distinguer de l'apprenti et du compagnon et qui est secret.

Il en va de l'initiation au grade de maître comme de toutes les initiations. A chaque fois, on se trouve devant des expériences personnelles irréductibles qu'aucune interprétation ne permet d'épuiser : « Le grade de Maître est, pour l'Apprenti et le Compagnon, une fin, une sorte de couronnement. Pour le maître-maçon, en quête de recherche, il est prise de conscience (surprise et étonnement), et devient “commencement”. Un point de départ vers l’aventure dans la vie de l’esprit, d’une nature telle que chacun peut connaître la sienne, et seulement la sienne, jamais celle de son frère. »

Voir R. Berteaux, *La symbolique au grade de maître*, Paris, Edimaf, 1982 ; J.-P. Bayard, *Le symbolisme maçonnique traditionnel*, t. 1 : *Les loges bleues*, Paris, Lauzeray International, 1979 ; G. Verval, *A la recherche de Jakin et Boaz*, Bruxelles, Memo Codec, 1989.

I

ILLUMINISME

Le courant rationaliste des Lumières véhicule l'idée de l'homme éclairé alors que le courant mystique va, dès la seconde moitié du XVIIIe siècle, diffuser celle de l'homme « illuminé ». L'illuminisme est cette autre face des Lumières qui réagit contre le rationalisme et laisse la place à la mystique, à l'illumination intérieure, à l'ésotérisme et à la théosophie (= ensemble des doctrines prétendant comprendre et explorer le monde à partir de la religion).

Martines de Pasqually avait créé un Ordre des Chevaliers Maçons Élus Cohens de l'Univers (*cohen* = prêtre, en hébreu). Fondateur d'un rite ou d'un système maçonnique appelé « martinésisme », il exposait sa doctrine de la réintégration dans son *Traité de la réintégration des êtres* (1772-1773) : il considérait qu'à l'origine l'homme était une émanation de Dieu mais que, par la faute d'Adam, il s'était retrouvé enfermé dans la matière et était devenu mortel. Pour se libérer de la matière et réintégrer son état originel, il devait atteindre la perfection intérieure. La recherche du contact avec les anges était censée faciliter cette quête du salut. Le maçon Élu Cohen avait alors recours à des pratiques magiques, à des invocations pour entrer en contact avec la divinité ou avec ses intermédiaires.

Louis-Claude de Saint-Martin, disciple de Pasqually, avait constaté que les méthodes préconisées par son maître n'étaient pas efficaces. Il se réfugiait alors dans un pur mysticisme et voyait dans la franc-maçonnerie une société qui pouvait se passer de ses rituels et de ses symboles, mais point de son caractère chrétien. Un autre disciple de Pasqually, Jean-Baptiste Willermoz, était un riche commerçant de Lyon plus intéressé par l'ésotérisme et l'occultisme que par le mysticisme. Il collectionnait ainsi les hauts grades maçonniques alors en vogue et s'intéressait au magnétisme, au somnambulisme, à l'alchimie, etc. En 1772, il découvrait la Stricte Observance Templière, un ordre maçonnique allemand occultiste fondé par le baron de Hund dans les années 1750 dans le but de rétablir l'Ordre des Templiers. En 1778, dans le sillage de Hund, Willermoz fonde un Ordre des Chevaliers Bienfaisants de la Cité Sainte.

Il faudrait aussi parler d'Emmanuel Swedenborg, des Illuminés de Bavière d'Adam Weishaupt, de Zacharias Werner, de Joseph de Maistre, de Savalette de Lange et ses Philalèthes, autant de réactions, parfois incontrôlées, parfois folkloriques, contre la raison et le matérialisme perçus comme envahissants.

Voir R. LE FORESTIER, *La franc-maçonnerie templière et occultiste*, Paris, Aubier, 1970.

INITIATION

Mircea Éliade a écrit : « On comprend généralement par initiation un ensemble de rites et d'enseignements oraux qui poursuit la modification radicale du statut religieux et social du sujet à initier. Philosophiquement parlant, l'initiation équivaut à une mutation ontologique du régime existentiel. » On rencontre pareille mutation dans l'initiation maçonnique. Est-ce parce que, comme le pensait Guénon, la franc-maçonnerie et le compagnonnage demeurent les deux seules organisations véritablement initiatiques du monde occidental ? Ou plutôt, comme nous le pensons, parce que la finalité de toute initiation est une transformation personnelle ?

Guénon a aussi insisté sur le caractère obligatoire du rattachement de toute initiation à une tradition vivante et sur les deux étapes de toute démarche initiatique (cérémonie et illumination puis travail intérieur) : « Le rattachement à une organisation traditionnelle régulière suffit pour l'initiation virtuelle, tandis que le travail intérieur qui vient ensuite concerne proprement l'initiation effective. Entrer dans la voie, c'est l'initiation virtuelle ; suivre la voie, c'est l'initiation effective. »

Simone Vierne a étudié le « scénario » initiatique et ses modalités dans beaucoup de sociétés, y compris dans la maçonnerie, pour distinguer trois grandes séquences : la préparation, la mort initiatique et le voyage dans l'au-delà, la nouvelle naissance. Il y a d'abord la préparation du lieu sacré, ici la loge, et du candidat. Il y a rupture avec le monde profane et purification du candidat par une série de rites. Le néophyte doit mourir à sa condition profane, il va se dépouiller de ses métaux. Il va vivre un voyage dans l'au-delà, dans le monde de la mort : il entre dans le cabinet de réflexion. Il y a là un *regressus ad uterum*, un retour à une vie embryonnaire, avant la nouvelle naissance, l'éveil à une vie nouvelle. Vierne fait remarquer que lorsqu'on parle de l'initiation maçonnique, on se trouve en réalité devant une « rationalisation du choix mystique, tel qu'on le trouve dans les autres initiations ». Il nous semble effectivement que la franc-maçonnerie a rationalisé et intellectualisé les rites, les mythes et les symboles. A partir du XVIIIe siècle, il y eut une volonté délibérée et réfléchie de construire un système symbolique capable d'offrir aux nouveaux candidats une initiation digne de ce nom et surtout efficace. En faisant revivre au néophyte une mort initiatique et une renaissance symbolique, se déroule un véritable psychodrame dont aucun initié ne sort indifférent.

De son côté, Julien Ries distingue trois éléments essentiels dans la structure des rites d'initiation. Le premier élément est la référence à un archétype, à « un modèle situé aux origines et considéré comme initiateur dans le cadre du développement du rite ». Dans l'initiation au grade de maître on trouve la figure archétypique d'Hiram auquel le récipiendaire doit s'identifier. Le deuxième élément est le symbolisme de la mort initiatique et le troisième est le symbolisme de la nouvelle naissance, naissance mystique, création d'un homme nouveau. L'apprenti se voit attribuer un âge symbolique (il a trois ans), il ne peut ni parler, ni lire, il peut seulement épeler car il connaît une seconde naissance et doit tout apprendre.

L'initiation maçonnique tend à un dépassement ou à une perfection de la condition humaine. C'est là que réside son efficacité intentionnelle, sur base d'une classification symbolique articulée en trois moments : mimesis, mort et naissance. Toute initiation comporte un effort personnel et permanent d'élucidation. Aucune initiation ne peut dispenser de cet apprentissage progressif de la connaissance de soi. Mais aucune initiation ne vise à un enrichissement des connaissances. Il s'agit d'accéder à une autre manière d'être, qui est plus que le résultat d'une introspection permanente. Pour être initié, il faut être reçu par d'autres et toute tentative isolée est condamnée à l'échec.

Voir S. VIERNE, *Rite, roman, initiation*, Grenoble, Presses Universitaires de Grenoble, 1973 ; P.-E. RAUSIS, *L'initiation* (coll. Bref), Paris, Cerf, 1993 ; J. RIES (éd.), *Les rites d'initiation*, Louvain-la-Neuve, 1986.

ISLAM

C'est peu de dire que les relations entre la franc-maçonnerie et l'islam ont été et demeurent problématiques. La double appartenance n'est pas fréquente et touche surtout l'élite, y compris des oulémas. Présente dès le XVIIIe siècle en Iran, la maçonnerie a joué un rôle déterminant dans l'occidentalisation du pays, jusqu'à la période Pahlavi, l'élite politique fréquentant les loges. D'origine européenne, la franc-maçonnerie s'est développée en terre d'islam au XIXe siècle en Syrie, Turquie, Tunisie, Algérie, Égypte. Un initié célèbre fut Abd-El Kader, reçu en 1864 dans une loge d'Alexandrie.

Aujourd'hui, des pays musulmans interdisent toujours les associations maçonniques, ainsi l'Iran, l'Irak, la Syrie, l'Algérie et la Tunisie. Dans ce dernier pays, la situation pourrait toutefois évoluer assez rapidement. En pays d'islam, surtout là où la Charia est appliquée, une société d'origine occidentale qui prône la libre association et la libre pensée ne peut être tolérée. De plus, les maçons passent là pour être des agents sionistes. C'est sur base de ce préjugé qu'en 1974 la Ligue islamique avait recommandé à ses membres de ne pas autoriser la franc-maçonnerie sur leur territoire.

J

JUDAÏSME

Les rapports entretenus entre le judaïsme et la franc-maçonnerie sont beaucoup moins conflictuels que ceux qui touchent le christianisme et l'islam.

On sait que dès la première moitié du XVIIIe siècle, des juifs ont fréquenté les ateliers maçonniques sans encourir aucune peine ni rappel à l'ordre de la part de leurs autorités religieuses. Ce fut par exemple le cas des juifs sépharades à Londres. Mais on sait aussi que la religion israélite compte de nombreuses écoles ou courants de pensée et que, en l'absence d'une doctrine unique au sujet de l'affiliation à la franc-maçonnerie, il faut relever différents points de vue de rabbins, qui ne reflètent pas partout et toujours l'unanimité. Ainsi, si la maçonnerie des Lumières est globalement déiste — et d'un déisme fortement teinté de christianisme —, si sa symbolique, couronnée par le Grand Architecte de l'Univers, réfère principalement aux traditions chrétiennes, la question de la compatibilité entre les deux pratiques se pose. Au nom de la foi au Dieu d'Abraham, d'Isaac et de Jacob, des juifs qui entrent dans une loge se voient, au

XVIIIe siècle, suspectés d'hérésie par leurs coreligionnaires... Pourtant, on peut dire à la suite de John Hamill et de R.A. Gilbert qu'à mesure qu'on avance dans le siècle, les références et le symbolisme explicitement chrétiens commencent à disparaître des rituels et des lectures. En Angleterre, le duc de Sussex, partisan de l'émancipation catholique et spécialiste de l'hébreu, encouragea l'entrée des juifs dans les loges maçonniques en surveillant l'achèvement de la déchristianisation des trois premiers degrés.

Si, au XVIIIe siècle, des juifs se voyaient refuser l'entrée dans les ateliers maçonniques, en Allemagne par exemple, l'émancipation civique et politique qu'ils allaient connaître à la fin du siècle fera qu'ils seront plus nombreux à fréquenter les temples maçonniques, étant « sensibles aux idéaux de justice et de fraternité communs à la Révolution française et à la maçonnerie » (G. Nahon). Une figure exemplaire du juif maçon est celle d'Adolphe Crémieux (1796-1880), ministre de la Justice, président du Consistoire central des israélites de France puis de l'Alliance israélite universelle, et Grand Maître du Suprême Conseil de France.

Il faut enfin évoquer l'association des B'naï B'rith, qui, malgré les suspicions d'antimaçons, n'est pas une organisation maçonnique. Il est vrai que tout porte à le croire : les membres de cette fraternité s'appellent « frères », sont initiés et se réunissent dans des loges... Il ne s'agit pourtant pas d'une obédience et les seuls buts de cette association sont la défense et l'entraide des juifs à travers le monde.

Voir D. BERESNIAK, *Juifs et francs-maçons*, Paris, Bibliophane, 1989.

L

LAÏCITÉ

Entre la laïcité et la franc-maçonnerie, les liens historiques sont étroits, du moins en pays catholiques. Puisqu'il est impossible de retracer ici cette histoire qui touche à beaucoup de pays, on se limitera à l'évocation de quelques épisodes importants et à la formulation de propositions très générales.

La laïcité comprise comme une non-ingérence de l'État dans les Églises et des Églises dans l'État, ou, si l'on veut, comme une aspiration perpétuelle à séparer radicalement le temporel et le spirituel, est déjà posée en principe par le fondateur du christianisme : « Rendez à César ce qui est à César, et à Dieu ce qui est à Dieu » (Matthieu, 22, 21). Tant de clarté n'éclaira pourtant que peu l'histoire des hommes, car la laïcité apparaît comme une conquête, un équilibre peu stable entre une Église qui exerce une influence sociale, si minime soit-elle, et un État qui ne veut pas que cette influence déborde dans son champ propre. Ainsi, l'histoire de la laïcité est jalonnée par le gallicanisme français, le joséphisme en Autriche, le Kulturkampf dans l'Allemagne de Bismarck, la guerre du Sonderbund en

Suisse, le Risorgimento en Italie, les régimes républicains d'Espagne, du Portugal, de certains pays d'Amérique latine, surtout le Mexique. Si l'on y ajoute les questions du césaro-papisme ou du papocésarisme, de la liberté de culte et de la liberté de pensée, de l'enseignement et des guerres scolaires, du positivisme et du rationalisme, de l'anticléricalisme et de son contraire, etc., on comprendra que le terrain à explorer est immense.

En tout cas, on ne peut aujourd'hui nier la légitimité du principe de la laïcité, même si d'aucuns s'offusquent des revendications qu'elle entraîne ou des dérapages qu'elle provoque et même si d'autres la trouvent trop timide face à une Église toujours tentée par le cléricalisme.

En France, la franc-maçonnerie a pris le relais des exigences de la laïcité dès la IIIe République. L'enseignement constitue dès le début le cheval de bataille du combat laïque. En 1866, Jean Macé entre dans la franc-maçonnerie et fonde la Ligue française de l'Enseignement, qui revendique l'instruction obligatoire, gratuite et... laïque. La Ligue trouve aussitôt l'appui des loges maçonniques. En 1879, le maçon Jules Ferry devient ministre de l'Instruction publique et, l'année suivante, fait de l'enseignement primaire public un enseignement gratuit avant d'instaurer, en 1882, son caractère obligatoire et laïque. Émile Combes, maçon lui aussi et président du Conseil, fait adopter une loi, en 1904, qui interdit purement et simplement l'enseignement à toutes les congrégations. La même année, les relations diplomatiques entre la France et le Saint-Siège sont rompues. Combes dépose un projet de loi visant à la séparation de l'Église et de l'État. Fin 1905, la loi est votée qui dit que « la République ne reconnaît, ne salarie, ni ne subventionne aucun culte ». Au sujet de cette période qui vit la laïcité se confondre avec le laïcisme, André Combes écrit : « Les loges adressèrent une multitude de vœux aux Convents qui les adoptèrent. Ainsi s'élabora un vaste programme anticlérical incluant l'abrogation de la loi Falloux, la dissolution des Congrégations, l'épuration de l'administration, la suppression des couvents cloîtrés, la laïcisation du serment devant les tribunaux et surtout la séparation des Églises et de l'État (...) »

En Italie, les maçons jouèrent un rôle important dans l'unification du pays (le *Risorgimento*) et, du même coup, constituèrent une menace pour les États pontificaux. Ici aussi, une frange de la maçonnerie se retrouva à la pointe du combat laïque : Cavour, Garibaldi, Mazzini, Crispi. En Espagne et au Portugal, les maçons du siècle dernier prirent une part active dans le processus de laïcisation de la société et de la séparation de l'Église et de l'État.

Les choses ont aujourd'hui évolué. Si l'enseignement et l'éducation demeurent des questions sensibles pour bien des maçons, si les « manœuvres » de la hiérarchie catholique laissent beaucoup de frères sur leur garde, la laïcité tend à devenir davantage une manière de penser, voire une idéologie, fondée sur le libre examen, qu'une réaction ponctuelle à tout ce qui paraît menacer la séparation Église/État.

Voir H. Hasquin (dir.), *Histoire de la laïcité principalement en Belgique et en France*, Bruxelles, Université Libre de Bruxelles, 1981.

LANGAGE

Membres d'une société fermée et discrète, les maçons usent d'un langage particulier qui les distingue du monde profane. Ce langage est moins un chiffre protecteur qu'une façon de communication interne. Le meilleur indice en est qu'il est connu du profane...

Le lecteur est en premier lieu confronté au problème des abréviations maçonniques. Le principe est simple : la ou les premières lettres du mot sont suivies par trois points disposés en triangle. Ainsi, F ∴ signifie Frère et son pluriel est FF ∴. Voici les abréviations les plus souvent employées, utiles pour déchiffrer certains textes :

TTT ∴ III ∴ FFF ∴ = Très Illustres Frères
O ∴ = Orient
V ∴ M ∴ = Vénérable Maître
R ∴ L ∴ = Respectable Loge
A ∴ L ∴ G ∴ D ∴ G ∴ A ∴ D ∴ L ∴ U ∴ = A la gloire du Grand Architecte de l'Univers
S ∴ B ∴ P ∴ = Salut, bénédiction et prospérité
L ∴ de la L ∴ S ∴ = Livre de la Loi Sacrée
V ∴ L ∴ = Vénérable Loge ou Vraie Lumière
S ∴ S ∴ S ∴ = Salut, Salut, Salut

Parfois, les premières lettres du mot sont présentes, ce qui facilite la lecture. Ainsi, Off ∴ = Officier, Maç ∴ = Maçon, Vén ∴ = Vénérable, etc.

Le calendrier maçonnique est tout aussi symbolique. Il s'inspire d'une chronologie biblique du XVIIe siècle qui fait remonter la création du monde à 4000 ans avant Jésus-Christ,

« année de la Vraie Lumière ». Ainsi, l'année maçonnique ou année de la Vraie Lumière 5994 correspond à l'année 1994 de l'« ère vulgaire ». Ce calendrier est fréquemment utilisé. Un autre calendrier, moins usité, basé sur le calendrier juif : on ajoute 3 760 années jusqu'à mi-septembre, 3 761 années à partir de mi-septembre. Un autre système commence en 550 avant Jésus-Christ, année du début de la construction du second temple de Jérusalem. Si les jours restent les mêmes, les mois s'expriment selon l'année romaine qui commence le 1er mars pour s'achever à la fin du mois de février de l'année suivante. Ainsi, le 5 novembre 1994 de l'ère profane ou ère vulgaire devient le 5e jour du 9e mois de l'année de la Vraie Lumière.

Le langage maçonnique est aussi composé d'un vocabulaire spécifique, d'expressions métaphoriques et imagées. Ainsi, l'âge symbolique du maçon est fonction de son grade, les armes désignent les verres utilisés lors des banquets, l'augmentation de salaire est le passage à un degré supérieur, couvrir le temple signifie s'assurer qu'aucun profane n'est présent, la chambre humide désigne le bar, tracer une planche veut dire écrire, le tronc de la Veuve est un sac ou une boîte destiné à recueillir les offrandes à la fin des travaux, etc.

Enfin, comment ne pas être frappé par le nombre considérable d'hébraïsmes dans les rituels maçonniques, en particulier dans le Rite Écossais Ancien et Accepté ? Ces termes proviennent de la Bible, de la Kabbale, surtout du Zohar. Michel Saint-Gall a remarqué que les termes tirés de l'angélologie et de la démonologie kabbalistiques pouvaient avoir été introduits dès le milieu du XVIIIe siècle tandis que le symbolisme et la terminologie séphirotiques auraient été introduits dans les années 1930 par Oswald Wirth et Albert Lantoine. Ils sont en tout cas une expression du déisme ou du théisme.

Voir M. SAINT-GALL, *Dictionnaire des Hébraïsmes dans le Rite Écossais Ancien et Accepté*, Paris, Demeter, 1988.

LÉGENDES

L'histoire de la franc-maçonnerie est marquée par un foisonnement de légendes de toutes sortes qui se rapportent non seulement aux origines de l'institution mais aussi à d'autres aspects exploités par les antimaçons : le pouvoir, les supérieurs inconnus, la puissance financière, le satanisme, l'homosexualité, la judéo-maçonnerie, etc.

S'agissant des origines légendaires, un maçon français du début de ce siècle avait, après avoir consulté 236 auteurs, recensé 39 thèses supposées situer les débuts de l'ordre et aussi fantaisistes les unes que les autres : la création du monde, les druides, la Chine, le Japon, les Esséniens, Jésus, l'Inde ou l'Égypte antiques, les Templiers, les Rose-Croix, les Jésuites, etc. On sait que les maçons opératifs se plaisaient déjà à imaginer que la création de leur ordre remontait à Euclide, donc au IIIe siècle avant notre ère. Et lorsqu'en 1723 Anderson publia les Constitutions de la franc-maçonnerie, il reprit à son compte l'histoire légendaire échafaudée par ses prédécesseurs du Moyen Age et l'enjoliva encore. Les maçons devenaient les enfants d'Adam, de Tubal-Caïn (l'ancêtre mythique des forgerons), de Nemrod, roi de Babel, de Salomon, Pythagore, Euclide et des Comacini, ces architectes de l'Italie du Nord des VIIe-IXe siècles.

L'historien d'aujourd'hui découvre d'un œil souvent amusé la multiplicité de ces origines, qu'il n'a aucune peine à ranger dans la catégorie des mythes. A quelles intentions répondent alors ces reconstructions mythiques des origines ? On peut déceler la volonté de placer la franc-maçonnerie dans le sillage des grandes religions, ou le désir d'en faire une institution fondamentalement chrétienne. La veine du secret et du mystère semble avoir été largement exploitée, lorsque par exemple la maçonnerie était censée dériver des cultes à mystères, comme ceux de Mithra ou d'Éleusis. Les nombreuses évocations de l'Égypte comme berceau de l'ordre maçonnique se situent le plus souvent dans le cadre de l'égyptomanie maçonnique. D'une manière générale, renvoyer à des origines aussi lointaines que fabuleuses revient à conférer à une société si souvent interdite et décriée une caution prestigieuse, un halo de respectabilité.

Il n'en fut pas toujours ainsi. Parmi les détracteurs de la franc-maçonnerie, des catholiques ont tiré parti des origines légendaires pour faire accroire que l'ordre maçonnique était une institution non catholique, nécessairement hérétique, fille du judaïsme ou de multiples sectes, y compris de sectes lucifériennes...

En dehors de ces contextes

hagiographiques ou polémiques, d'autres hypothèses ont été émises, qui ne prennent pas d'emblée l'allure de contre-vérités historiques. Certains auteurs ont rattaché les confréries médiévales des bâtisseurs aux *collegia* romains, ces associations professionnelles d'artisans créées au VIIIe siècle avant notre ère par le roi Numa. Pour d'autres, la maçonnerie serait issue du compagnonnage, un ensemble de confréries rassemblant des artisans itinérants qui prit son essor à partir du XIVe siècle, ce qui en dépit d'un certain nombre de symboles communs, est bien loin d'être établi. Il n'y a pas davantage de lien de filiation entre la maçonnerie et l'ordre des Templiers, des moines-soldats qui, au cours des XIIe et XIIIe siècles, assuraient la protection des pèlerins venus à Jérusalem. Se distinguant aussi par leur réputation de maîtres d'œuvres de commanderies et de châteaux, on eut tôt fait de les associer à des francs-maçons avant la lettre.

Les autres légendes exploitées par les antimaçons tiennent plus du délire que d'extrapolations pseudohistoriques. Dans leur horreur et leur démesure, ces élucubrations trahissent une crainte viscérale des maçons qui s'apparente souvent à une obsession.

LITTÉRATURE

Relever les liens entre la littérature et la franc-maçonnerie est un thème qui peut être exploré de deux manières, soit que l'on évoque les écrivains francs-maçons qui ont ou non parlé de leur ordre — et dont leur œuvre a pu s'en inspirer —, soit que l'on recherche, dans la littérature profane, les écrivains qui, de près ou de loin, ont approché le monde de la franc-maçonnerie.

S'agissant de la première catégorie, un rapide survol historique de trois siècles fait émerger un nombre considérable de personnages importants et célèbres. Montesquieu (1689-1755) avait été initié dans une loge de Westminster, mais il n'en parla jamais, pas plus qu'il n'évoqua la franc-maçonnerie dans son œuvre ou dans sa correspondance. François-Marie Arouet, dit Voltaire (1694-1778), a été initié quelques semaines avant sa mort, plus par vanité que par attrait pour la franc-maçonnerie qu'il considérait comme une religion comportant des rituels bizarres et grotesques. Dans son *Dictionnaire philosophique*, il parle des « pauvres Francs-Maçons, aimables plaisantins qui n'ont aucune philosophie sérieuse à proposer ». Mais Voltaire fut bel et bien franc-maçon et reçut, le jour de son initiation, le tablier d'Helvétius (1715-1771), lui-même écrivain et franc-maçon. L'Italien Casanova (1725-1798) est initié à Lyon vers 1750, il écrit en français. Dans ses *Mémoires*, il évoque longuement son expérience maçonnique et l'on peut citer cet extrait pertinent : « La Franc-Maçonnerie est une institution de bienfaisance qui, en certains temps et en certains lieux, a pu servir de prétexte à des menées criminelles et subversives du bon ordre ; mais, bon Dieu ! de quoi n'a-t-on pas abusé ? N'a-t-on pas vu les jésuites, sous l'égide sacrée de la religion, armer le bras parricide d'aveugles enthousiastes pour frapper les rois ? Tout homme de quelque importance, je veux dire ceux dont l'existence sociale est marquée par le mérite, le savoir ou la fortune, peuvent être maçons, et grand nombre le sont ; comment supposer que des réunions pareilles, où les membres s'imposent la loi de ne parler jamais *intra muros* ni de politique, ni de religions, ni de gouvernements ; qui ne s'entretiennent que d'emblèmes ou moraux ou puérils ; comment supposer, dis-je, que ces réunions où les gouvernements peuvent avoir leurs créatures, puissent offrir des dangers tels que des souverains les proscrivent et que des papes s'amusent à les excommunier ? »

Le paysage littéraire et maçonnique du XVIIIe siècle est aussi composé de Nicolas de Chamfort (1741-1794), le moraliste auteur de *Maximes, caractères et anecdotes*, Choderlos de Laclos (1741-1803), connu pour ses *Liaisons dangereuses*, Condorcet (1743-1794), Court de Gébelin (1719-1784), le Prince de Ligne (1735-1814), le marquis de Sade (1740-1814), Saint-Martin (1743-1803), Joseph de Maistre (1753-1821), Rouget de Lisle (1760-1836), l'auteur de *La Marseillaise*.

En Allemagne, Gotthold Éphraïm Lessing (1729-1781) fut initié à Hambourg vers 1770. Ses œuvres philosophiques sont imprégnées par un idéal maçonnique, celui de la tolérance (*Nathan le Sage*, 1779 ; *L'éducation du genre humain*, 1780), mais c'est surtout dans *Ernst et Falk — Dialogues maçonniques* (1778) qu'il donne sa vision de l'ordre maçonnique, une vision humaine, universaliste et pacifique. Johann Wolfgang von Goethe (1749-1832), qui appartint à l'ordre cinquante-deux années durant, a laissé non seulement des œuvres faisant appel au symbolisme maçonnique et destinées au profane mais aussi des travaux proprement maçonniques destinés à ses frères. On trouve donc la marque de la franc-maçonnerie dans *Les Années d'apprentissage de Wilhelm Meister*, dans *Faust*, dans plusieurs poèmes et jusque dans une comédie, *Le Grand Cophte*. Il faut aussi citer Johann Gottfried Herder (1744-1803), témoin du romantisme allemand, initié à Riga en 1766 et qui pensait que « la franc-maçonnerie vaincra le sectarisme et ramènera l'époque de l'Age d'Or qui vit dans le cœur de nous tous ».

Du côté anglo-saxon, on ne peut passer sous silence les noms des maçons Pope (1688-1744), Burns (1759-1796), Walter Scott (1771-1832) et Sheridan (1751-1816). Pour clore le XVIIIe siècle, mentionnons l'écrivain italien Vittorio Alfieri (1749-1803).

Le XIXe siècle littéraire français voit d'abord l'apparition d'un écrivain hors du commun, franc-maçon de surcroît, mais qui n'a rien écrit sur l'ordre : Henri Beyle, dit Stendhal (1783-1842). Alphonse de Lamartine (1790-1869) n'était point maçon, mais il les tenait en très haute estime. S'adressant à des frères, il écrivait en 1858 : « Je ne vois dans le secret des loges qu'un voile modeste jeté sur la Vérité et sur la bienfaisance pour en relever le prix et la beauté aux yeux de Dieu et des hommes. Vous n'êtes, selon moi, que les Grands Éclectiques du monde moderne. Vous prenez dans tous les temps, dans tous les pays, dans tous les systèmes, dans toutes les philosophies, les principes évidents, éternels et immuables de la morale universelle et vous en faites le dogme infaillible et unanime de la Fraternité. » Alexandre Dumas (1802-1870) n'était pas plus maçon que Lamartine mais la franc-maçonnerie l'inspira davantage. Dans *Joseph Balsamo* (1841), il relata la vie mouvementée de Cagliostro. Quant à Guy de Maupassant (1850-1893), il posa un jugement sévère sur les francs-maçons dans sa nouvelle *Mon oncle Sosthène* (1882). Parmi les écrivains maçons de ce siècle, il convient de retenir Émile Littré (1801-1881), Mallarmé (1842-1898), Vallès (1832-1885), Proudhon (1809-1865).

En dehors de France, on note que furent initiés Oscar Wilde (1854-1900), Vicente Blasco Ibanez (1867-1928), Alexandre Pouchkine (1799-1837), Heinrich Heine (1797-1856), Mark Twain (1835-1910), Arthur Conan Doyle (1859-1930). Rudyard Kipling (1865-1936), initié à l'âge de vingt ans, a laissé un des plus beaux textes sur la franc-maçonnerie, un poème intitulé *La Loge Mère* (1896).

Enfin, le XXe siècle compte peu d'écrivains francs-maçons qui ne cachent point leur appartenance. On peut citer Georges Dumézil (1898-1986) ou Frédérick Tristan, Prix Goncourt 1983 pour *Les Égarés*. Du côté des profanes, des auteurs prolifiques ont écrit sur la franc-maçonnerie, Roger Peyrefitte dans *Les Fils de la lumière* (1961), et surtout Jules Romains (1885-1972) qui, dans *Les Hommes de bonne volonté*, plus précisément dans le tome *Recherche d'une Église*, a donné une image juste et nuancée de l'univers maçonnique français.

Voir H. PROUTEAU, *Littérature et franc-maçonnerie*, Paris, Henri Veyrier, 1991 ; M. GAUDART DE SOULAGES, H. LAMANT, *Dictionnaire des francs-maçons français*, Paris, Albatros, 1980.

LOGE

La loge est à la base de la vie maçonnique de l'initié. Elle constitue le noyau fondateur de l'ordre maçonnique. Il ne peut y avoir de maçon sans loge. On devient maçon à l'intérieur d'une loge, après avoir été accepté par les membres de la loge. La loge est donc la structure essentielle et centrale de la franc-maçonnerie.

La loge est à la fois le local où les maçons se réunissent et l'ensemble des maçons qui se réunissent dans ce local. Les mots « atelier » et « temple » sont presque synonymes, le second désignant davantage le local. La loge est une image du monde, elle est un microcosme. Ses dimensions sont d'ailleurs définies symboliquement : « Sa longueur va de l'Occident à l'Orient, sa largeur du Septentrion au Midi, sa hauteur du Nadir au Zénith. » Elle présente une forme rectangulaire. Le zénith s'arrête au plafond du temple, une voûte azurée et étoilée. Le soleil et la lune sont représentés à l'Orient, où se tient le Vénérable de la loge, c'est-à-dire son président. Titulaire du grade de maître au moins, c'est lui qui est chargé de l'ouverture et de la fermeture des travaux ainsi que de la direction des tenues. Il est élu pour une période déterminée. Le Vénérable est assisté par le Collège des Officiers et leur présence à tous est indispensable pour travailler maçonniquement. Les officiers de la loge (le terme désigne celui qui remplit un office, il n'a pas de connotation militaire) occupent une place déterminée dans la loge, variant d'un rite à l'autre.

Quelles sont les fonctions remplies par les officiers ? Le Premier Surveillant est chargé de la discipline au cours des travaux et de la formation des compagnons, le Second Surveillant doit instruire les apprentis, l'Orateur veille au respect des règlements, le Secrétaire rédige le procès-verbal de la tenue et se charge des relations administratives entre la loge et l'obédience, l'Expert connaît les rituels à suivre lors de chaque événement, le Trésorier encaisse les cotisations des membres et gère la comptabilité de la loge, le Maître des cérémonies introduit les officiers et conduit les visiteurs à leur place, l'Hospitalier visite les malades et recueille les dons destinés à aider un frère en difficulté, le Couvreur s'assure que le temple est bien « couvert », à l'abri des profanes. Tous ces officiers se rencontrent dans les ateliers travaillant au Rite Écossais Ancien et Accepté, au Rite Écossais Rectifié et au Rite Français. Au Rite Émulation, si les fonctions à remplir sont identiques, les noms des officiers peuvent varier.

Les membres de la loge se retrouvent au moins une fois par mois, plus souvent une fois tous les quinze jours, parfois davantage. Hormis les officiers qui occupent une place déterminée, les frères sont assis au sein de deux ensembles de rangées qui se font face, l'un situé au nord, l'autre au sud de l'atelier. A l'occident, de chaque côté de la porte, se trouvent deux colonnes, appelées J et B, initiales des noms bibliques Jakin et Boaz. Chaque surveillant siège près d'une colonne. Par extension, la colonne désigne aussi l'ensemble des frères qui se trouvent sur les banquettes au nord et au sud du temple. D'un côté sont regroupés les apprentis, de l'autre les compagnons, les maîtres pouvant s'installer de chaque côté.

Une loge comprend idéalement de vingt à cinquante maçons. Pour être régulière, elle doit comporter au moins sept frères. Mais certaines loges comptent jusqu'à trois cents membres, ce qui est préjudiciable pour la cohésion du groupe et l'établissement de liens vraiment fraternels. Après quelques années de pratique, certains membres ne fréquentent plus leur atelier, par lassitude, déception ou manque de temps. D'autres sont âgés ou malades. Plus rarement, quelques-uns contreviennent gravement aux règles de l'ordre et sont jugés par les tribunaux maçonniques, en toute équité. Il en résulte des peines de radiation, temporaire ou définitive.

Chaque loge porte un nom et un numéro au tableau des loges de l'obédience. Une loge trop grande peut se scinder au fil du temps et donner naissance à d'autres loges indépendantes. On parle par exemple, au Grand Orient de Belgique, de la loge bruxelloise Les Amis Philanthropes. Mais il y a aussi Les Amis Philanthropes n° 2 Alpha, n° 2 Oméga, n° 3, n° 4...

LUMIÈRES

La franc-maçonnerie pourrait être définie comme une société des Lumières, au sens propre et au sens historique du terme. Les lumières sont des symboles importants dans les temples maçonniques : grandes et petites lumières, Orient, soleil, lune, cierges, delta lumineux, étoile flamboyante, pavé mosaïque.

La maçonnerie contemporaine est pour beaucoup redevable de l'esprit de la maçonnerie des Lumières, esprit guidé par la raison, opposé aux préjugés et tendu vers le progrès. Il est vrai que beaucoup de personnages emblématiques des Lumières sont, à tort ou à raison, associés à la franc-maçonnerie : Frédéric II, Montesquieu, Voltaire (qui ne fut maçon que très peu de temps, presque malgré lui), Condorcet (qui n'était vraisemblablement pas maçon), Lalande, Helvétius, et les philosophes allemands Lessing, Herder, Goethe, Fichte, tous initiés.

On ne peut mieux retracer l'esprit de cette maçonnerie des Lumières qu'en évoquant rapidement quelques traits de la pensée des personnages précités. Dans ses *Dialogues maçonniques*, Lessing présente la franc-maçonnerie comme une institution fondée sur la tolérance, la compréhension et l'amour de l'homme. Déiste et rationaliste, Lessing pense que l'ordre maçonnique peut aider à éliminer les barrières qui divisent les hommes en races, classes, religions. Ainsi pensée, la maçonnerie devient une nécessité humaine et sociale. Témoin typique de l'*Aufklärung*, Lessing voit dans la maçonnerie un prototype de la société parfaite dans laquelle les hommes vivent de la religion de la raison. Herder, représentant du romantisme allemand, écrit en 1801 que « la franc-maçonnerie vaincra le sectarisme et ramènera l'époque de l'Age d'Or qui vit dans le cœur de nous tous ». Il considère pour sa part que la maçonnerie est une communauté d'hommes qui réfléchissent sur le bien de l'humanité.

Il faut aussi parler de l'*Encyclopédie* de Diderot et d'Alembert, parfois présentée, à tort, comme une entreprise maçonnique. Car sur les 272 collaborateurs appelés à rédiger les articles, on compte seulement huit maçons, Voltaire et Lalande y compris. C'est ce dernier, connu comme astronome, qui, afin de promouvoir les arts et les sciences, fonde en 1776 à Paris la loge « Les Neuf Sœurs ». Dans cet atelier furent initiés Voltaire et Helvétius, un des rares philosophes rationalistes à professer alors l'athéisme.

On pourrait résumer les caractéristiques de la maçonnerie des Lumières par quelques mots clés : lutte contre tout type de fanatisme, pratique de la tolérance morale, politique et religieuse, perfectionnement de l'homme, construction de l'humanité, philanthropie, humanisme, paix, raison, liberté, justice, fraternité et solidarité entre tous les hommes. Des thèmes qui ont aujourd'hui une forte résonance...

M

MAÇONNOLOGIE

Alec Mellor revendique la paternité de ce terme. La maçonnologie est la science qui étudie la franc-maçonnerie de manière critique, sous tous ses aspects, avec tous les outils des sciences humaines. Aussi le terme englobe-t-il un immense champ de recherches qui va de l'histoire à la sociologie, en passant par la psychanalyse, la science des religions ou la philosophie. Les sources et les travaux ne manquent pas, ils sont même légion. C'est par dizaine de milliers qu'il faut compter les ouvrages consacrés à la franc-maçonnerie. Par ailleurs, les maçons eux-mêmes contribuent à ce foisonnement littéraire en publiant force revues, collections et catalogues de tout genre.

Si l'on excepte les histoires locales ou nationales de la franc-maçonnerie publiées dès le XVIIIe siècle, mais souvent entachées de parti pris ou peu soucieuses de rigueur, on constate que la maçonnologie est une science relativement jeune, dont l'essor correspond à celui des sciences humaines. Pour le chercheur ou l'amateur, toute étude commence par la recherche bibliographique. Pour ce faire, il dispose de plusieurs outils dont le plus récent et le plus général est la *Bibliografia de la masoneria* de José Antonio Ferrer Benimeli (Madrid, Fondation universitaire espagnole, 1978). Plus volumineuse mais surtout axée sur l'Allemagne est la *Bibliographie der Freimaurerischen* d'August Wolfstieg, éditée de 1911 à 1926 en quatre gros volumes (reprint en 1992 par Georg Olms, Hidelscheim-Zürich-New York). On peut aussi consulter la *Bibliographie de la Franc-Maçonnerie* de Fesch (Paris, 1912) qui renseigne surtout des ouvrages français. Il existe bien d'autres bibliographies mais c'est la première citée qui orientera au mieux le début de toute recherche.

La recherche bibliographique nécessite également des... bibliothèques, spécialisées de préférence. En règle générale, on ne peut dire des bibliothèques maçonniques qu'elles sont facilement accessibles au public, ce qui se comprend compte tenu des risques de dévoiler le secret d'appartenance. On peut donc se rendre à la bibliothèque de la Grande Loge Unie d'Angleterre (Great Queen Street à Londres), à celle du Grand Orient de France (rue Cadet à Paris) ou du Grand Orient des Pays-Bas à La Haye, aux riches bibliothèques maçonniques de Bayreuth ou de Washington, etc.

Quels sont les grands axes de la maçonnologie aujourd'hui ? Pour ce qui concerne la France, il faut parler d'abord de l'Institut d'Études et de Recherches Maçonniques (IDERM), fondé en 1973 par André Doré et aujourd'hui dirigé par André Combes. L'Institut, attaché au Grand Orient de France, est ouvert aux profanes ; il publie les résultats de ses travaux dans un petit fascicule annuel composé d'études historiques très pointues qui concernent surtout le passé français, les *Chroniques d'histoire maçonnique*. La loge de recherches « Villard de Honnecourt », dépendant de la Grande Loge Nationale Française, publie quant à elle une revue de très bonne tenue, souvent de haut niveau, intitulée *Travaux de Villard de Honnecourt*, dirigée par Frédérick Tristan. Il peut arriver que des profanes y participent.

En Belgique, la recherche en maçonnologie s'effectue principalement à l'Université libre de Bruxelles (une fondation maçonnique) dont les éditions publient divers travaux sur la franc-maçonnerie dans plusieurs collections scientifiques. Depuis 1983, l'Université libre de Bruxelles organise chaque année, en collaboration avec le Grand Orient de Belgique, la Chaire Théodore Verhaegen (du nom du fondateur de l'université bruxelloise), consacrée à l'étude de la maçonnerie à travers le monde. Les meilleurs spécialistes sont invités à y parler, devant un nombreux public. La recherche maçonnique en Belgique est principalement animée par Hervé Hasquin et Jacques Marx.

En Espagne, José Antonio Ferrer Benimeli dirige et anime le très actif Centre d'études historiques de la franc-maçonnerie espagnole, sis à Saragosse. Depuis 1983, des colloques internationaux réunissent des chercheurs qui livrent là le résultat de leurs travaux, lesquels dépassent souvent les limites de l'Espagne. Les actes de ces symposiums sont publiés dans une prestigieuse collection.

En Italie, la recherche maçonnologique est conduite par Aldo A. Mola, directeur, depuis 1986, du Centre pour l'histoire de la maçonnerie, établi à Rome. Aldo Mola édite aussi divers travaux sur la franc-maçonnerie dans une collection de très bon niveau.

En Angleterre enfin, on ne peut passer sous silence l'immense travail réalisé par la loge de recherches *Quatuor Coronati n° 2076*, fondée en 1884 et placée sous la tutelle de la Grande Loge Unie d'Angleterre. Chaque année, la loge publie une revue de haute tenue intitulée *Ars Quatuor Coronatorum. Transactions of Quatuor Coronati Lodge n° 2076*, en abrégé AQC. Outre une vingtaine de membres de divers pays, la loge comprend des correspondants et des secrétaires sur les cinq continents. Pour s'abonner à la revue, il faut être maçon « régulier ». L'originalité de la revue consiste en ce qu'une étude fouillée sur un sujet précis d'histoire maçonnique signée par un frère soit soumise au jugement d'autres frères dont les observations sont publiées à la suite de l'article. Ainsi s'instaure un débat contradictoire, qui n'est pas sans rappeler l'ambiance des loges...

MUSIQUE

Les rapports entre la musique et la franc-maçonnerie peuvent s'approcher sous trois modes : d'abord les compositeurs qui furent francs-maçons mais ne laissèrent pas d'œuvre maçonnique, ensuite ceux qui exprimèrent leur expérience maçonnique à travers des compositions utilisées par les loges dans le cadre des rituels, enfin ceux qui, n'appartenant pas à des loges maçonniques, virent leurs œuvres utilisées par celles-ci.

Le plus grand compositeur maçonnique est sans doute Wolfgang Amadeus Mozart (1756-1791). Initié à Vienne en 1784, il laisse à la postérité un opéra dont l'inspiration maçonnique n'est plus guère contestée, *La Flûte enchantée* (1791). L'auteur du livret, Schikaneder, était aussi maçon. Mozart a également composé nombre de cantates et de chants maçonniques à l'occasion d'événements de la vie de sa loge, mais beaucoup d'autres pièces sont aujourd'hui encore utilisées par les ateliers en diverses occasions.

Ludwig van Beethoven (1770-1827) a très probablement été initié et l'on peut déceler une inspiration maçonnique dans beaucoup de ses œuvres. Au contraire, le frère Joseph Haydn (1732-1809) n'a rien laissé transparaître de son appartenance à travers ses compositions. C'est aussi le cas du maçon Cherubini (1760-1842).

Le pianiste et compositeur hongrois Franz Liszt (1811-1886) était maçon, de même que le Finlandais Jean Sibelius (1865-1957), auteur de plusieurs musiques rituelles.

Parmi les compositeurs maçons, il faut citer aussi Jean-Baptiste Clément, Giacomo Meyerbeer, Henri Vieuxtemps, Thomas Arne, Rouget de Lisle ainsi que les jazzmen Count Basie, Duke Ellington, Lionel Hampton et Louis Armstrong. Il est vrai que les œuvres de ces derniers ne s'adaptent guère aux tenues de loge...

Enfin, parmi les compositeurs non-maçons que les frères écoutent volontiers lorsqu'ils se réunissent, il faut citer Jean-Sébastien Bach et Gustav Mahler, entre autres, chaque loge étant libre de choisir à sa guise les pièces les plus idoines en fonction des circonstances.

Voir R. COTTE, *La musique maçonnique et ses musiciens*, Paris, Baucens, 1975 ; J. CHAILLEY, *La Flûte enchantée, opéra maçonnique. Essai d'explication du livret et de la musique*, Paris, Robert Laffont, 1983.

O

OBÉDIENCE

L'obédience maçonnique est une entité administrative qui regroupe un ensemble de loges acceptant de travailler de la même façon, selon les mêmes critères et dans un même état d'esprit. L'obédience est une fédération de loges. Entre la loge et l'obédience existent des rapports multiples et contrastés, parfois générateurs de tensions, car la franc-maçonnerie proclame qu'elle se fonde sur l'adage « le maçon libre dans la loge libre ». Ainsi, une loge peut se détacher de son obédience pour en rejoindre une autre ou même se dégager de toute tutelle obédientielle.

L'obédience donne donc à ses loges des constitutions et des règlements à respecter, elle leur prodigue conseils, recommandations et suggestions d'étude. L'obédience organise les relations des loges entre elles et se charge de les représenter dans la communauté maçonnique internationale et dans le monde profane. Elle entretient aussi des relations avec d'autres obédiences.

La direction de l'obédience est confiée à un Grand Maître, qui reçoit un mandat limité dans le temps (le plus souvent, trois ans). Celui-ci n'est pas un souverain ou un potentat. Son rôle est comparable à celui d'un administrateur ou d'un président de comité : les décisions se prennent collégialement et tracent ainsi les limites de son pouvoir. Car le Grand Maître est entouré de Grands Officiers et d'un adjoint, tous élus par les délégués des loges.

Toutefois, l'organisation de la Grande Loge Unie d'Angleterre est différente. Le Grand Maître, aujourd'hui Édouard, duc de Kent, est nommé à vie et c'est lui qui choisit son adjoint et les Grands Officiers. Andries Van den Abeele note à ce propos : « Les ateliers doivent se plier aux ordres et aux instructions qui viennent d'en haut. L'organisation des Grandes Loges selon le modèle anglais, qui est respecté par quasi toutes les Grandes Loges "régulières", est donc par essence oligarchique et aristocratique. Au sommet règne un petit groupe qui se renouvelle par cooptation et qui dirige les activités des loges sans véritable concertation ni participation de la base. »

En France, l'assemblée annuelle d'une obédience se nomme « convent ». C'est au cours de cette réunion où toutes les loges sont représentées que sont définis les grands thèmes de réflexion et les lignes directrices pour l'année à venir.

OLD CHARGES

Les *Old Charges* ou « Anciens Devoirs » de la franc-maçonnerie sont des manuscrits anglais dont les plus anciens datent du XIVe siècle et les plus récents du début du XVIIIe siècle, avant 1717. Près de cent cinquante documents nous sont parvenus. Parmi les plus anciens, citons les *Ordonnances des maçons d'York*, datés de 1352, 1370 et 1409, les *Ordonnances des maçons de Londres* (1356), rédigées en latin et en français (sous un Plantagenêt), l'*Ordonnance de la guilde des charpentiers de Norwich* (1375) qui concerne aussi les maçons.

Mais les Anciens Devoirs les plus connus sont incontestablement le manuscrit *Regius*, dit aussi Manuscrit Royal (vers 1390) et le manuscrit *Cooke* (vers 1400-1410), tous deux conservés au British Museum.

Les Anciens Devoirs présentent le plus souvent une structure identique : d'abord une prière ou une invocation à Dieu, puis une partie qui retrace, sous le mode légendaire, les origines du métier de maçon, enfin un ensemble de recommandations, les « devoirs » des maçons. Edmond Mazet remarque : « L'aspect historique et l'aspect normatif étaient d'ailleurs intimement liés, puisque les règles étaient présentées comme ayant été données au Métier par des rois ou de grands personnages de l'Antiquité, puis confirmées, adaptées ou augmentées sous l'autorité de souverains plus récents mais guère moins prestigieux. En somme, pour une loge regroupant les maçons d'un chantier, ou d'une ville, un manuscrit de Old Charges était une sorte de code professionnel, précédé d'une introduction historique qui en expliquait l'origine et en rehaussait l'autorité. »

Le manuscrit *Regius* se compose de 794 vers. Son auteur est certainement un clerc. Outre le récit historique et les devoirs, il comporte un appendice subdivisé de la manière suivante : le récit des quatre couronnés, la tour de Babel, les sept arts libéraux fondés par Euclide, une exhortation sur la messe et la manière de se conduire à l'église, une instruction sur les bonnes manières.

Le *Cooke* (du nom de celui qui en imprima le texte en 1861) est quant à lui composé de deux textes émanant de deux auteurs — sans doute un clerc et un laïc — mais copié par un seul copiste.

Les passages consacrés aux devoirs des maçons nous renseignent sur la pratique et l'organisation du métier. Déjà existaient trois sortes de maçon : les maîtres, les compagnons et les apprentis. C'est le maître maçon qui dirige le chantier, commandité par le seigneur, c'est lui qui paie apprentis et compagnons, les engage, les révoque, les instruit et se préoccupe de leur moralité. On apprend ainsi que les maçons sont tenus de respecter des principes moraux clairement définis : fidélité, loyauté, ardeur au travail, respect de leurs frères, fidélité au roi, amour de Dieu et de l'Église.

Les maçons se réunissent alors dans un local proche de leur chantier, appelé loge. C'est en réalité leur atelier, lieu où l'on travaille et où l'on se rassemble pour délibérer. Il est question du secret qui doit entourer ces délibérations. Il ne peut s'agir que des secrets du métier. De la même façon, il est fait mention du serment, qui ne concerne que le respect des règlements du métier. Il semble qu'il existait déjà une cérémonie, non d'initiation mais de réception dans le métier.

Pour approcher au mieux l'esprit de cette maçonnerie opérative, nous citons un passage du *Regius* dans la belle traduction d'Edmond Mazet :

« Le dixième point montre comment bien vivre
A l'abri des tracas et des querelles :
Si un maçon mène une vie dissolue,
S'il est malhonnête dans son travail,
Et s'il se cherche de mauvaises excuses
En diffamant injustement ses compagnons,
Il peut par de telles calomnies
Attirer la critique sur le métier.
S'il déshonore ainsi le métier,
Assurément vous ne devez lui montrer aucune indulgence,
Ni l'aider à persévérer dans sa mauvaise conduite,
De peur qu'il en résulte tracas et querelles ;
Mais vous ne lui laisserez aucun répit
Jusqu'à ce que vous l'ayez contraint
A comparaître devant vous
Où vous voudrez de gré ou de force ;
Vous le convoquerez à la première assemblée,
Pour comparaître devant tous ses compagnons,
Et s'il refuse de se présenter devant eux,
Il faudra qu'il abjure le métier ;
C'est ainsi qu'il sera puni selon la loi
Qui fut établie dans les temps anciens. »

Quant au *Cooke*, il s'ouvre de manière solennelle, comme le montre la traduction d'André Crépin :

« Grâces soient rendues à Dieu notre glorieux géniteur, auteur et créateur du ciel et de la terre et de toute chose qui s'y trouve de ce qu'il ait voulu engager sa glorieuse divinité dans la création de tant de choses diversement utiles à l'humanité. Car il fit toutes choses pour qu'elles fussent obéissantes et soumises à l'homme. »

Voir F. Tristan (dir.), *La franc-maçonnerie : documents fondateurs*, Paris, Cahier de l'Herne, 1992, n° 62.

ORIENT

L'orient est le point où le soleil se lève, il est la direction d'où vient la lumière. C'est donc à l'Orient que se tient le vénérable de la loge, face à la porte d'entrée, même si cet Orient ne correspond pas nécessairement avec l'Est géographique. On se trouve donc devant un symbole universel et l'on comprend ainsi que c'est aussi à l'Orient que sont figurés le soleil et la lune.

Par extension, l'Orient désigne la position géographique de la loge (on parle aussi du « camp » ou de la « vallée ») : la loge Les Amis Philanthropes à l'Orient de Bruxelles, la loge Villard de Honnecourt à l'Orient de Paris, etc.

Dans un même contexte symbolique, on dit d'un frère qu'il est passé à l'Orient éternel pour dire qu'il est décédé.

Enfin, l'Orient est aussi employé dans l'appellation de beaucoup d'obédiences : Grand Orient de France, d'Italie, de Belgique, etc. En principe, un Grand Orient est une fédération de loges pratiquant des rites différents, alors que dans une Grande Loge toutes les loges travaillent au même rite. Mais cette distinction n'est que théorique. De même, l'appellation « Grand Orient » ne détermine pas la régularité ou l'« irrégularité » d'une obédience...

ORIGINES

La question des origines de la franc-maçonnerie est traitée depuis trois siècles par les maçons eux-mêmes, par des opposants à la maçonnerie ou par des historiens. Selon la qualité de l'auteur, on se trouve ainsi tantôt devant des légendes, tantôt devant des pseudo-histoires, tantôt devant des essais d'histoire objective. C'est dans cette dernière perspective que nous abordons ici la question des origines, si importante pour n'importe quel groupement.

La franc-maçonnerie moderne est un produit des corporations médiévales de constructeurs qui, dès le XIVe siècle, formaient une franc-maçonnerie de métier. Dès le XIe siècle, des associations de métier (charpentiers, verriers, etc.) avaient fait leur apparition dans les pays occidentaux où s'érigeaient des cathédrales. Les guildes de maçons étaient présentes sur les chantiers en France, en Espagne, en Italie, en Allemagne, en Angleterre et en Écosse. Mais les premières traces écrites de l'institution datent seulement du XIVe siècle. Les *Old Charges* nous font voir assez précisément le visage de cette maçonnerie opérative (du latin *opus*, l'œuvre, l'ouvrage). Pour certains, la maçonnerie médiévale serait ainsi à rapprocher du « franc-mestier » dont Étienne Boileau, prévôt de Paris sous saint Louis, parle dans son *Livre des métiers*, en 1268. On a aussi gardé la trace d'un autre Français du XIIIe siècle, Villard de Honnecourt, qui a laissé un « Album », carnet de notes, de plans et de croquis pris sur les nombreux chantiers dont il partagea la direction. On n'a pas manqué non plus d'évoquer les *Steinmetzen* d'Allemagne et les

Statuts de Strasbourg ou de Ratisbonne de 1459, pour voir là l'origine des Grandes Loges allemandes.

Nonobstant ces rapprochements, il apparaît aujourd'hui incontestable que la franc-maçonnerie est d'origine anglo-saxonne, qu'elle vient d'Angleterre et d'Écosse. C'est dans ces deux pays que se trouve la proto-histoire de la franc-maçonnerie.

Tout indique que le maçon médiéval était un artisan cultivé plutôt qu'un manœuvre béotien. Même s'il est aujourd'hui qualifié d'opératif (par opposition à « spéculatif »), son travail s'élevait au-dessus des contingences matérielles pour gagner les sphères d'une authentique spiritualité. En outre, le caractère catholique des loges opératives était nettement marqué. Mais la différence radicale entre maçonnerie opérative et maçonnerie spéculative réside, chez la première, dans l'absence de symbolisation des outils employés, symbolisation qui constitue la marque essentielle de la maçonnerie moderne.

Subsiste une question importante pour les historiens, qui n'a pas encore été définitivement tranchée et qu'André Uyttebrouck résume ainsi : « Existe-t-il un lien direct ou indirect entre les constructeurs du Moyen Age et les loges des XVIIe et XVIIIe siècles ? Pour les uns, il y a rupture totale ou, pour les plus prudents, impossibilité de déceler les preuves d'une quelconque continuité ; pour d'autres, dont l'Écossais David Stevenson, il y a moyen, pour l'Écosse du moins, de retracer une évolution qui, des loges médiévales, conduit, par l'introduction progressive de membres extérieurs aux métiers de la construction, aux loges symboliques. » S'il n'y avait pas de généalogie continue entre les opératifs et les spéculatifs, ces derniers ne seraient pas les descendants des premiers et ils se seraient contentés de leur emprunter leurs outils, en les détournant de leurs fins premières... C'est notamment la thèse de John Hamill : « La franc-maçonnerie spéculative est née en Angleterre. Mais il n'existe aucun document qui puisse apporter la preuve qu'en Angleterre, il aurait existé une guilde qui, au fil du temps, par une évolution interne, se serait transformée en loge maçonnique spéculative. » Hamill a peut-être raison, mais il fait peu de cas des multiples indices qui prouveraient le contraire...

Voir J. Hamill, *The Craft. A history of English Freemasonry*, Londres, Crucible, 1986 ; D. Stevenson, *The First*

Freemasons. Scotland's Early Lodges and their members, Aberdeen University Press, 1988; *The Origins of Freemasonry. Scotland's Century 1590-1710*, Cambridge University Press, 1988.

P

POUVOIR

Le pouvoir de la franc-maçonnerie ou sa prétendue puissance n'est rien d'autre que le pouvoir de ses membres. Comment en serait-il autrement ? La franc-maçonnerie est structurée en tellement de loges et d'obédiences si différentes et indépendantes les unes des autres que tout mot d'ordre ou toute action concertée à un niveau mondial est impossible. La même diversité est perceptible à l'échelle d'un pays. Il n'existe aucune autorité capable de faire de la maçonnerie une société tournée vers un même but politique, il ne saurait d'ailleurs exister une maçonnerie inféodée à un parti politique.

Cependant, dire de la franc-maçonnerie qu'elle n'a aucune influence dans la société serait édulcorer la réalité. Il peut arriver exceptionnellement qu'une obédience prenne publiquement et officiellement position sur une question sociale. En 1960 par exemple, le Grand Orient de France adressait au général de Gaulle un message de soutien à sa politique algérienne. Autre exemple : en 1985, les principales obédiences maçonniques françaises ont signé, avec des organisations humanitaires et des représentants de diverses religions, un « appel à la fraternité » dans lequel elles revendiquaient pour les immigrés le droit à la justice, à la liberté et à l'égalité, en réaction contre les idéologies racistes d'extrême droite. On voit que l'influence de la maçonnerie est ici celle d'une puissance spirituelle et morale. Ce que F. Mercury exprime en ces termes : « Il est en revanche certain que la franc-maçonnerie est animée par une vision humaniste et spiritualiste à vocation universelle. Ses principes peuvent, partout, influer sur la conduite des francs-maçons qui exercent une responsabilité. Elle représente, de ce fait, avec d'autres puissances symboliques, politiques ou religieuses, un centre actif de recherche et d'animation, voire de formation des individus à une prise de conscience de la responsabilité globale de l'homme dans l'organisation de son devenir et de celui de la société. »

En des temps et des lieux déterminés, des francs-maçons ont ainsi joué un rôle social et politique considérable, mais non la maçonnerie en tant qu'institution. Il en a été ainsi des lois laïques, de la séparation de l'Église et de l'État, de la création de la Société des Nations, etc. Il va de soi que l'influence des maçons est fonction de leur position sociale. Un frère député ou ministre pourra plus facilement qu'un autre exercer une influence tangible dans la société. Influence renforcée par l'existence de « fraternelles », des clubs où se rencontrent régulièrement des maçons exerçant la même profession mais appartenant à des loges d'obédiences différentes. Il existe ainsi une fraternelle des parlementaires, organisation paramaçonnique qui permet que des contacts s'établissent entre maçons de divers partis. Mais pour Jean-André Faucher, qui considère les mutations récentes de nos sociétés post-industrielles, il ne faut plus mesurer l'influence de la maçonnerie sur le politique au nombre des élus francs-maçons : « Puisque la solution aux problèmes posés par l'évolution de la société ne réside pas dans la définition d'un nouvel humanisme, d'une nouvelle morale, de nouvelles valeurs humaines, puisque la plupart des rapporteurs dans les convents et dans les congrès régionaux de loges ont admis que la solution passait nécessairement par un nouvel équilibre entre les pouvoirs et la liberté, l'influence de la maçonnerie tient avant tout aujourd'hui dans son degré de participation aux forces nouvelles. »

Il est enfin un dernier domaine où l'influence des maçons est perceptible, c'est celui de l'entraide sans limites que les frères exercent pour leur seul profit mutuel. Il serait vain de nier que des systèmes de passe-droits préjudiciables à des non-maçons n'ont pas cours dans la franc-maçonnerie, comme dans toute société, surtout lorsqu'elle est minoritaire. Il serait malhonnête de prétendre que tous les frères y ont recours. Pour le surplus, il est une entraide parfaitement naturelle dans toute fraternité digne de ce nom qui fait qu'entre deux personnes aux qualités égales, on choisira un frère...

Voir J.-A. FAUCHER, *Les francs-maçons et le pouvoir. De la Révolution à nos jours*, Paris, Perrin, 1986.

PROPAGANDA DUE

Le scandale de la loge italienne *Propaganda due* ou P2 a terni l'image de la franc-maçonnerie dans son ensemble.

Cet atelier dépendant du Grand Orient d'Italie et fondé en 1877 était une loge particulière dont le but était d'initier des personnages importants (députés, hommes d'affaires, de lettres...) qui n'avaient pas la possibilité de fréquenter régulièrement une loge. Ce n'était pas pour autant une loge secrète, comme cela est parfois affirmé.

Le scandale arriva un siècle plus tard, avec Licio Gelli, un homme d'affaires d'extrême droite né en 1919 et initié en 1965. Celui-ci parvint à faire de la loge P2 une organistion para-maçonnique secrète et subversive. Quand il entre dans la P2, Gelli sait que la loge ne comprend plus qu'une dizaine de membres. En 1972, il devient secrétaire de l'atelier tandis que l'ancien Grand Maître du Grand Orient d'Italie, Gamberini, le préside. Les effectifs gonflent rapidement : par une procédure d'initiation exceptionnelle et secrète, Gelli recrute bientôt quatre cents membres. Surtout, il parvient, lui et quelques autres, à faire reconnaître le Grand Orient par la Grande Loge Unie d'Angleterre. L'obédience, reconnue comme seule « régulière » dans le pays, va cependant voir ses relations avec Londres suspendues en 1993. L'obsession de Gelli et de ses amis est le communisme qui, à leurs yeux, met en péril l'État et qu'il faut d'urgence combattre en mettant en place, aux postes clés de la société, des hommes dévoués à la cause anticommuniste et partisans de l'ordre. Ce sont des officiers, des politiciens, des magistrats, des hauts fonctionnaires. Mais des maçons honnêtes sont au courant de ces pratiques peu conformes à l'idéal maçonnique. En 1976, ils obtiennent que la loge soit supprimée et Gelli suspendu pour une période de trois ans. Lino Salvini, le Grand Maître du Grand Orient, n'en a cure ; il fait mine d'acquiescer mais encourage au contraire la poursuite des activités de la P2 de manière plus secrète encore. Son successeur, Ennio Battelli, lui emboîte le pas.

Les choses prennent une autre tournure en 1981. La publication des listes des 953 membres supposés, parmi lesquels figurent trois ministres, des parlementaires, des généraux et de hauts magistrats, entraîne la démission, en mai 1981, du gouvernement démocrate-chrétien de A. Forlani. Les frères qui avaient cru en la disparition définitive de la loge clandestine se sentent trahis. Le nom de la loge P2 est alors associé à de grandes affaires qui secouent l'opinion publique : l'assassinat d'Aldo Moro en 1978, la faillite du *Banco Ambrosiano*, d'autres affaires de criminalité financière, de détournements de biens publics...

Il faudra sans doute encore des années avant que la pleine lumière soit faite sur le rôle de la *Propaganda due* dans la vie politique et économique italienne. Plusieurs fois condamné, Licio Gelli vit aujourd'hui en liberté, à Arezzo, d'où il est originaire.

Ce qui nous préoccupe, ce sont les répercussions du scandale de la P2 sur la franc-maçonnerie dans son ensemble. En 1987, le Grand Orient d'Italie a déclaré que la maçonnerie de son pays était « absolument apolitique » et que les travaux des loges et les rites étaient « strictement réservés, mais non secrets ». On comprend que pareil démenti ait pesé de peu de poids face aux prétendues compromissions de trois Grands Maîtres successifs. Mais le scandale P2 a dépassé les frontières de la péninsule italienne pour redonner vie, en de nombreux pays, à des formes primaires d'antimaçonnisme, notamment en Angleterre.

Finalement, comme le remarque Aldo Mola, en dépit des cinquante mille pages rédigées par la Commission parlementaire d'enquête sur la loge maçonnique P2, de l'énorme quantité d'articles, d'entretiens exclusifs et de livres publiés, il n'y a que peu de documents utiles pour l'historien alors que les commentaires et les opinions sont légion. Avec l'affaire P2, Aldo Mola pense que l'on se trouve devant un cas classique de manipulation de l'opinion publique alimentée par la construction d'un mythe ténébreux — une franc-maçonnerie suspecte — et relayée par une campagne médiatique bien orchestrée.

Voir A. MOLA, *Storia della Massoneria italiana dalle origini ai nostri giorni*, Milan, Bompiani, 1992.

R

RAMSAY

Le chevalier André-Michel de Ramsay (1686-1743) est une figure importante de l'histoire de la franc-maçonnerie. Né en Écosse, Ramsay étudie la théologie à Édimbourg et à Glasgow puis le droit à Oxford. En 1709, il est en France, à Cambrai, où il rencontre Fénelon, l'archevêque du lieu. A son contact, il se convertit au catholicisme et devient un disciple du prélat français au point de publier, en 1720, une *Histoire de la vie de Fénelon*. Naturellement, son catholicisme fut marqué par le quiétisme de Fénelon et de Mme Guyon. Durant de nombreuses années, il fut précepteur d'enfants de grandes familles, comme ceux du duc de Bouillon ou de Charles-Édouard Stuart, fils de Jacques III le Prétendant. Il mourut à Saint-Germain.

Quel rôle joua Ramsay au sein de la franc-maçonnerie, pour que son nom y soit immanquablement associé ? On suppose qu'il fut initié en 1730 à la loge *Horn Tavern* de Westminster, là même où furent reçus Désaguliers et Anderson, puis Montesquieu. On sait qu'il s'efforça d'obtenir une reconnaissance officielle de l'ordre maçonnique en France, intervenant auprès du cardinal de Fleury, ministre de Louis XV. Enfin, le nom de Ramsay est lié à celui de l'écossisme, cette catégorie de rites maçonniques à coloration chevaleresque comportant d'innombrables hauts grades. On a cru, au vu de ses origines écossaises, que Ramsay était le créateur de l'écossisme. La thèse de Ran Halévi permet de faire le point sur cette question : l'écossisme est une invention française qui s'est propagée à travers toute l'Europe, hormis l'Angleterre ; les hauts grades font leur apparition en France au début des années 1740, sans que Ramsay ne les invente, mais en en relançant la mode.

Le propagateur de l'écossisme est également connu pour être l'auteur d'un *Discours*, publié en 1737, dans lequel il va situer les origines de la franc-maçonnerie dans la Palestine de l'époque des croisades... Quittant le domaine de la pseudo-histoire, il se fait prophète de la maçonnerie en voyant dans cette institution le moyen de rapprocher entre elles les différentes branches du christianisme. Car il pense que le christianisme est à l'origine des autres religions, qu'il est la religion universelle déjà présente en germes dans les diverses religions. Et il se veut zélateur et martyr de cette religion universelle. Ramsay peut donc être considéré comme « un des pères de l'universalisme maçonnique » (Pierre Chevallier), entendu dans un sens mystique.

Voir R. HALÉVI, *Les loges maçonniques dans la France d'Ancien Régime*, Paris, Armand Colin, 1984 ; E. BRAULT, *Le Mystère du chevalier Ramsay*, Paris, Prisme, 1973 ; A. CHÉREL, *Un aventurier religieux au XVIIIe siècle, André-Michel Ramsay*, Paris, 1926.

RÉGULARITÉ

La notion de « régularité » divise aujourd'hui la franc-maçonnerie mondiale en deux grands blocs d'obédiences : celles qui se disent régulières et qui sacrifient à un certain nombre de principes réputés intangibles ; celles qui n'ont cure de ces principes ou qui veulent rester libres d'en rejeter l'un ou l'autre. Est donc en jeu, aux yeux des maçons réguliers, la légitimité ou le caractère authentiquement maçonnique d'une obédience.

Pour des raisons historiques aisées à comprendre, c'est la Grande Loge Unie d'Angleterre (le nouveau nom de la Grande Loge de Londres depuis 1813) qui s'attribue le droit de reconnaître comme régulière n'importe quelle puissance maçonnique à travers le monde. En 1929, elle a défini clairement les

« principes fondamentaux pour la reconnaissance des Grandes Loges » :

1. La régularité d'origine, c'est-à-dire que chaque Grande Loge doit être réglementairement fondée par une Grande Loge dûment reconnue ou par au moins trois loges régulièrement constituées.

2. La croyance au Grand Architecte de l'Univers et en sa volonté révélée est une condition essentielle pour l'admission de chaque membre.

3. Tous les initiés doivent prêter le serment sur le Livre de la Loi Sacrée ou en présence de ce livre ouvert, par lequel est exprimée la révélation d'En-Haut à laquelle l'initié est lié sur sa conscience.

4. La Grande Loge et les loges particulières doivent être composées d'hommes exclusivement; chaque loge n'entretiendra aucune relation avec des loges mixtes ou avec des organismes qui admettent des femmes comme membres.

5. La Grande Loge a des pouvoirs de juridiction souverains sur les loges sous son contrôle, c'est-à-dire qu'elle est une organisation responsable qui se gouverne indépendamment et qui, seule, possède le pouvoir de gouverner l'Ordre et les degrés symboliques de son obédience (apprenti, compagnon, maître). Elle ne dépend ni ne partage cette autorité avec un Conseil suprême ou une autre puissance revendiquant le contrôle ou l'autorité sur ces degrés.

6. Les trois grandes lumières de la franc-maçonnerie : le Volume de la Loi sacrée, l'Équerre et le Compas, doivent toujours être exposées lors des travaux de la Grande Loge ou des loges de son obédience. La plus importante des trois est le Volume de la Loi sacrée.

7. Toute discussion religieuse ou politique est absolument interdite à l'intérieur des loges.

8. Les principes des anciens « landmarks », us et coutumes de la franc-maçonnerie seront strictement respectés.

On remarque ainsi que la maçonnerie régulière se veut théiste en ce sens qu'elle exige de ses membres qu'ils croient en un Dieu qui a révélé sa volonté aux hommes et qu'ils prêtent serment sur le livre sacré de leur religion (Bible, Coran, Vedas, etc.). Il est requis de respecter des *landmarks*, un terme anglais qui peut être traduit par « bornes » : ce sont des limites que l'on ne peut franchir sans tomber dans l'« irrégularité ». Même s'il n'existe point une seule et même liste de ces *landmarks*, supposés refléter l'esprit originel de la maçonnerie, plusieurs principes ont émergé à travers le temps, outre ceux déjà définis en 1929 : droit de visite entre loges régulières, rituel et légende d'Hiram au grade de maître, secret, symbolisme du temple de Salomon, présence de sept frères au moins lors de chaque tenue de loge. Une seule Grande Loge est reconnue par Londres dans chaque pays.

Une multitude d'obédiences constitue aujourd'hui le bloc régulier. Si l'on peut évaluer le nombre de maçons répartis sur la surface du globe à plus de sept millions — ce n'est que pure estimation — on pourrait supposer que plus de six millions d'entre eux seraient des « réguliers ». Dans les pays latins marqués par le courant progressiste et laïque, les obédiences régulières sont minoritaires. Citons la Grande Loge Nationale Française, la Grande Loge Régulière de Belgique, la Grande Loge du Luxembourg, les Grandes Loges réunies d'Allemagne, la plupart des obédiences scandinaves et américaines, la Grande Loge Alpina (Suisse), la Grande Loge d'Autriche, le Grand Orient d'Italie, la Grande Loge d'Israël...

Voir A. MELLOR, *La Grande Loge Nationale Française*, Paris, Belfond, 1980.

RÉVOLUTION

Quel fut le rôle joué par la franc-maçonnerie dans la Révolution de 1789 ? La question n'est pas de pure forme quand on sait que, dès le début du XIXe siècle, les abbés Lefranc et Barruel soutinrent que la maçonnerie des Lumières avait ourdi et mis sur pied une satanique conspiration contre l'Église catholique et contre la monarchie. Le premier publia *Le voile levé pour les curieux ou les secrets de la Révolution révélés à l'aide de la Franc-Maçonnerie* (1791) et le second des retentissants *Mémoires pour servir à l'histoire du jacobinisme*, d'abord publiés à Londres en 1797 puis à Hambourg, plusieurs fois réédités jusqu'à nos jours et traduits en plusieurs langues.

Le fait est que le mythe est toujours d'actualité, malgré les réfutations, dès 1801, du monarchiste Jean-Joseph Mounier, qui n'était point maçon. Il est vrai qu'au début du XXe siècle, le maçon Gaston Martin crut bon de mettre la préparation de la Révolution à l'actif des loges maçonniques. Dans les milieux catholiques intégristes et anti-maçonniques, le thème est toujours porteur (voir les ouvrages d'Henry Coston et de Léon de Poncins).

En réalité, la critique historique actuelle, qui s'est penchée à nouveau sur la question à l'occasion de la célébration du bicentenaire en 1989, permet de rejeter définitivement la thèse du complot maçonnique. Aux États généraux, les quelques députés maçons issus des trois états (17 % du Tiers État, 28 % de la noblesse et 6 % du clergé) se montraient divisés entre eux. S'il s'en trouvait pour prôner des mesures révolutionnaires, d'autres se montraient plus modérés, cependant que certains souhaitaient le maintien de l'Ancien Régime. Il n'y avait donc pas d'unanimité parmi les frères, pas plus qu'il n'aurait su y avoir un quelconque mot d'ordre d'une quelconque obédience : « Ces faits pourtant ne concernèrent pas le Grand Orient en tant qu'organisme fédérateur. Le Grand Maître d'Orléans, s'il joua un rôle de premier plan en 1789, négligeait de remplir ses obligations maçonniques et l'obédience n'était pas une structure susceptible d'acheminer un quelconque mot d'ordre que les loges n'auraient d'ailleurs pas accepté. Surtout, s'il y eût consensus sur la nécessité de réformes, où devaient-elles s'arrêter ? Les appréciations furent individuelles et les maçons furent, dès 1789, très divisés » (André Combes).

La même hétérogénéité dans les attitudes des maçons se dessine pendant et après la Révolution. Des frères durent émigrer, d'autres, jacobins, n'eurent pas à souffrir de la Terreur. Au total, les maçons ont participé, avec beaucoup d'autres, à la propagation des idéaux des Lumières. Mais ils n'ont pas été les seuls à jouer un rôle prépondérant dans la diffusion des nouvelles idées de liberté et d'égalité.

Voir D. Ligou, *La franc-maçonnerie et la Révolution française*, Paris, Chiron, 1989.

RITES

Le rite peut être défini comme un ensemble de rituels. La loge pratique un rite. L'obédience peut regrouper des loges qui pratiquent des rites différents. Le rite pratiqué par la loge donne à celle-ci un ton, une coloration, un accent particuliers. Du rite pratiqué dépend le déroulement des divers rituels. Il ne s'agit donc pas seulement, comme le note Frédérick Tristan, d'une question de forme mais aussi d'une question d'esprit : « Le mot "rite" s'est imposé pour désigner non seulement ces ensembles formels mais aussi le courant initiatique et symbolique que ces ensembles maçonniques contiennent et révèlent à leurs membres. »

Les rites maçonniques sont légion. Beaucoup ne sont plus en usage, d'autres tombent progressivement en désuétude, d'autres encore sont très anciens et ont évolué avec le temps. Leur histoire est souvent complexe. A la base de chaque rite se trouvent toujours les trois mêmes premiers degrés.

Voyons quels sont les rites les plus importants pratiqués aujourd'hui.

1. *Le Rite Écossais Ancien et Accepté*, dénommé auparavant Rite Écossais Ancien Accepté (en abrégé : REAA). Il ne provient pas d'Écosse, mais de France, où il fait son apparition dès le début du XVIIIe siècle avec, comme caractéristique, le système des hauts grades appelé « écossisme ». Mais, sous la forme que nous lui connaissons aujourd'hui, le REAA date de 1801, au moment où le Suprême Conseil des États-Unis l'a structuré. Il comprend trente-trois grades et est le plus pratiqué au monde.

2. *Le Rite Écossais Rectifié*, ou Régime Écossais Rectifié (en abrégé : RER), date probablement de 1774. Il trouve son origine dans la Stricte Observance Templière, dans les ordres de Pasqually et surtout de Willermoz (un grade porte le nom de Chevalier Bienfaisant de la Cité Sainte). Le RER marque son attachement à l'esprit du christianisme. Le serment est prêté sur l'Évangile et les références à la tradition biblique sont omniprésentes. Le Code maçonnique des loges réunies et rectifiées de France, tel qu'approuvé au Convent de Lyon de 1778 dit que « le premier engagement du Franc-Maçon, en entrant dans l'Ordre, est d'observer fidèlement ses devoirs envers Dieu, son Roi, sa Patrie, ses Frères et soi-même. Il ne le prête qu'après qu'on s'est assuré du respect qu'il porte à la Divinité ».

3. *Le Rite Émulation (Emulation Working)* ne comprend que les trois premiers grades et doit être mémorisé. Il est le rite le plus pratiqué par la maçonnerie régulière. Il reçut sa forme définitive en 1823, en Angleterre, grâce au travail de l'*Emulation Lodge of Improvement for Master Masons*, d'où son nom. Naturellement, ce rite insiste sur la croyance au Grand Architecte de l'Univers.

4. *Le Rite Français ou Rite Moderne* (ou Rite Français Moderne) est un système à sept

degrés défini par le Grand Orient de France en 1786 et modifié à plusieurs reprises depuis cette date. Il est beaucoup pratiqué à travers l'Europe, sous des versions multiples. Le rite est souvent assez simplifié et beaucoup moins mystique ou religieux (voire pas du tout) que les Rites Écossais, Rectifié ou Ancien et Accepté.

5. *Le Rite d'York*, ou rite américain, est un système de hauts grades provenant de l'Angleterre du XVIIIe siècle et pratiqué aux États-Unis. Le Rite d'York connaît un grade appelé *Royal Arch* qui, en Angleterre, ne constitue pas un degré supérieur mais seulement un grade complémentaire à celui de maître.

6. *Le Rite de Memphis-Misraïm* est né d'une fusion, en 1899, du rite de Memphis et du rite de Misraïm. Le premier vit le jour en France en 1815, il était notamment pratiqué par les membres de la mission d'Égypte qui accompagnaient Bonaparte. Quant au Rite de Misraïm (= Égypte, en hébreu), à caractère templier, il apparut pour la première fois en 1788. Le Rite de Memphis-Misraïm comporte 95 degrés. D'esprit déiste, il réserve une large part aux considérations ésotériques. Il est pratiqué par environ 5 000 maçons en France, en Belgique, aux Pays-Bas, en Suisse, en Italie et en Amérique du Sud. Papus et Robert Ambelain sont des représentants célèbres du Rite de Memphis-Misraïm.

7. *Le Rite Suédois*, fondé à la fin du XVIIIe siècle par le roi de Suède Charles XII, est pratiqué par la majorité des loges scandinaves.

RITUELS

Les rituels maçonniques sont des éléments du rite. La franc-maçonnerie peut être définie comme une société rituélique et symbolique. Les rituels scandent la vie et le travail d'une loge. Il est assez aisé, pour un profane, de prendre connaissance des textes des différents rituels, au prix de quelques recherches en bibliothèque. Robert Ambelain a publié les rituels du Rite de Memphis-Misraïm (Paris, Laffont) et l'on trouve sans difficulté le *Tuileur* de Vuillaume (Paris, Dervy). Mais si cette approche extérieure renseigne sur le caractère symbolique et propédeutique des ateliers, elle ne permet cependant pas de se familiariser avec les rituels pratiqués par telle loge de telle ville. Car il s'en trouve fréquemment qui adaptent les textes « canoniques »...

Par ailleurs, c'est devenu un lieu commun d'affirmer que la lecture de textes ne peut ni remplacer le vécu d'une cérémonie, ni en restituer l'atmosphère. Une telle évidence est, à notre sens, fondée sur deux présupposés. D'une part, il est effectivement impossible de se substituer au vécu personnel d'autrui, même en portant un regard d'empathie. D'autre part, le rituel est souvent présenté comme une structure symbolique, une enveloppe sans contenu précis qui laisse à l'initié la liberté d'y mettre à peu près ce qu'il veut, dans les limites d'une tradition toutefois. Il s'ensuit que les maçons vont répétant qu'il n'y a pas une seule et unique philosophie maçonnique, qu'il y a mille façons de comprendre la maçonnerie, que la vérité est toujours mouvante. De son côté, André Doré ne craint pas d'affirmer : « La Vérité voulue par la maçonnerie est d'ordre métaphysique. Bien que ce soit implicite, elle ne l'avoue pas. D'ailleurs les mandarins de l'intelligentsia maçonnique — il y en a — ont décrété qu'elle était inaccessible, ce que dément formellement l'expérience vécue des sages et saints authentiques de tous les temps. Forts de cette affirmation des autorités officielles de l'Ordre, des maçons sont à la recherche d'une vérité inaccessible et par ailleurs sans contenu, ce qui les sécurise indiscutablement. »

Les rituels maçonniques sont nombreux. Le plus important est celui de l'initiation. Des rituels sont prévus pour l'ouverture et la fermeture des travaux, le passage d'un grade à un autre, la visite d'un profane, l'installation d'un nouvel atelier, les banquets et agapes, le mariage d'un frère, le décès d'un frère, etc.

Les rituels ont évolué avec le temps. Certaines loges ne pratiquent qu'un rituel très dépouillé, réduit au minimum. Symboles et rituels sont intimement liés. Des maçons ultra-symbolistes attacheront souvent une grande importance au rituel. A l'inverse, des maçons peu intéressés par l'étude et la pratique du symbolisme utiliseront souvent un rituel très simplifié.

Voir A. DORÉ, *Vérités et légendes de l'histoire maçonnique*, Paris, Edimaf, 1991.

ROSE-CROIX

La Rose-Croix est née en Allemagne, au début du XVIIe siècle. Johan Valentin Andreae (1586-1654) est supposé être à l'origine de cette fraternité. Au début du siècle donc, plusieurs ouvrages paraissent qui retracent la légende du mystérieux Christian Rosenkreutz : *Fama fraternitatis* (1614), *Confessio fraternitatis* (1615), *Noces Chymiques de Christian Rosenkreutz* (1616). En faisant appel à un ésotérisme mêlant Kabbale, magie, alchimie et hermétisme, ces manifestes anonymes présentaient différemment la vie de Christian Rose-Croix. Ils vont donner lieu à une avalanche de textes censés provenir de la nouvelle fraternité ou, au contraire, la réfutant. Dans tous les cas, ils contribuent à lancer le mythe de la Rose-Croix.

Quels rapports existent entre le mouvement rosicrucien et la franc-maçonnerie ? Aucun rapport historique de filiation, c'est entendu. Mais on peut penser avec Roland Edighoffer que, en se répandant à travers l'Europe, la Rose-Croix « prenait des dimensions planétaires et annonçait l'humanitarisme de la Franc-Maçonnerie ». Il y eut toutefois en Angleterre des points de conjonction entre la Rose-Croix et la franc-maçonnerie, comme par exemple le personnage d'Elias Ashmole (1617-1692), un savant, favori de Charles Ier, membre de la *Royal Society* et... d'une loge maçonnique. Plus tard, François de Lorraine, époux de l'impératrice Marie-Thérèse d'Autriche, passionné d'alchimie et de rosicrucianisme, est reçu maçon dans une loge de La Haye, en 1731. En 1757, on trouve à Francfort-sur-le-Main une société rosicrucienne qui a adopté une forme maçonnique. Le Français Jean-Baptiste Willermoz (1730-1824), maçon fondateur d'un ordre des Chevaliers Bienfaisants de la Cité Sainte, appartenait à une société rosicrucienne. Dans la France du XIXe siècle, le frère Eliphas Levi s'impliqua activement dans la diffusion du rosicrucianisme.

Aujourd'hui, on trouve dans la franc-maçonnerie des survivances de la Rose-Croix. Ainsi, le 18e degré du Rite Écossais Ancien et Accepté est celui de Souverain Prince Rose-Croix, de même que le septième et dernier grade du Rite Français. Le thème du 18e degré est celui de la découverte de la Parole Perdue, qui est « INRI ». En général, ce mot est interprété dans un sens alchimique : « *Igne natura renovatur integra* » (« Par le feu, la nature entière sera régénérée »). A l'origine, l'ésotérisme du grade est chrétien. La rose et la croix sont associées au pélican, symbole du don de la vie par amour. Mais d'autres lectures du grade sont possibles et des rituels ont été revus dans un sens moins religieux, voire laïque.

Voir R. Edighoffer, *Les Rose-Croix*, Paris, PUF, 1982 ; J.-P. Bayard, *Les Rose-Croix*, Paris, MA Éditions, 1986.

S

SECRET

La franc-maçonnerie a souvent été considérée comme une société secrète, ce qui lui a valu et lui vaut toujours des réactions de suspicion malveillante, de curiosité déplacée, voire de franche hostilité. La franc-maçonnerie n'est pourtant pas une société secrète. Si les obédiences et les loges se montrent le plus souvent réservées à l'égard du monde profane, elles ne sont pas pour autant des organisations dépourvues de statut juridique, clandestines ou subversives. En France par exemple, les loges sont constituées sous forme d'associations loi de 1901.

La franc-maçonnerie est plutôt une société discrète, ou, selon le bon mot de Jacques Lemaire, une « société à secrets ». Quels sont-ils ? D'abord le secret symbolique, celui qui a trait aux rituels, aux mots, aux signes et aux attouchements. En réalité, ce secret n'en est plus un puisque quantité de publications ont depuis longtemps dévoilé les éléments symboliques et rituéliques de la maçonnerie. Toutefois, les revues ou bulletins maçonniques que le maçon reçoit sont confidentiels et ne sont, en principe, pas communiqués aux profanes, de même que les règlements internes et les rituels pratiqués par la loge. Quand bien même un profane consulterait cette littérature, il n'y trouverait rien qui puisse justifier un secret, hormis peut-être les noms des membres. Car le secret d'appartenance reste précieusement gardé, en raison de possibles manifestations d'antimaçonnisme : « L'histoire récente nous montre que les dictatures et les régimes autoritaires, de droite comme de gauche, pourchassent et persécutent ceux qui prétendent penser librement, sans rendre compte de leur opinion à quelque pouvoir supérieur » (J. Lemaire). Ainsi, si un frère est libre d'afficher son appartenance à l'ordre maçonnique, jamais il ne pourra dévoiler l'affiliation d'un autre membre sans contrevenir à une des premières obligations de tout initié. Le même devoir de réserve fait qu'un frère ne peut répéter au-dehors ce qui se dit lors d'une tenue de loge, ceci afin de garantir la libre expression de chacun dans tous les domaines.

En réalité, le véritable secret maçonnique est inviolable et incommunicable, car il fait partie du vécu irréductible de chaque initié, il est le fruit du travail maçonnique. Sans doute le maçon Casanova a-t-il exprimé cela mieux que quiconque dans ses *Mémoires* : « Celui qui devine le secret de la franc-maçonnerie, car on ne le sait jamais qu'en le devinant, ne parvient à cette connaissance qu'à force de fréquenter les loges, qu'à force de réfléchir, de raisonner, de comparer et de déduire. Il ne le confie pas à son meilleur ami en maçonnerie, car il sait que, s'il ne l'a pas deviné comme lui, il n'aura pas le talent d'en tirer parti dès qu'il le lui aura dit à l'oreille. Il se tait, et ce secret est toujours secret. Tout ce qui se fait en loge doit être secret ; mais ceux qui, par une indiscrétion malhonnête, ne se sont pas fait un scrupule de révéler ce qu'on y fait, n'ont point révélé l'essentiel : ils ne le savaient pas ; et s'ils l'avaient su, certes ils n'auraient pas révélé les cérémonies. »

SYMBOLES ET SIGNES

Si la franc-maçonnerie est avant tout une société symbolique, il est normal d'y trouver quantité de symboles et de signes. Si l'on considère habituellement que le symbole appartient à la catégorie des signes, il faut reconnaître que le symbole est plus qu'un signe.

Alors que le signe est une convention arbitraire dans laquelle le signifiant et le signifié peuvent être étrangers l'un à l'autre, qu'il est pratique, concret et nullement ambigu, le symbole renvoie à un signifié inaccessible, non sensible, surréel, métaphysique ou surnaturel. Le symbole est plurivoque et s'il vient à recouvrir une signification unique, il risque de devenir un signe conventionnel et de mourir.

Il n'est pas possible de réaliser ici un inventaire exhaustif de tous les symboles et signes maçonniques, passés et présents. On peut par contre donner un aperçu des symboles les plus répandus, ceux des trois premiers degrés du Rite Écossais Ancien et Accepté. Ainsi, au grade d'apprenti, on trouve : la lune et le soleil, la voûte étoilée, l'équerre et le compas, la planche à tracer, le niveau et la perpendiculaire, le maillet et le ciseau, la pierre brute, la pierre taillée (ou pierre cubique à pointe), les colonnes J et B, les trois fenêtres, l'escalier de trois marches, les trois piliers, le pavé mosaïque, la corde à nœuds, la porte, le delta, les chandeliers et le cierge, la frise du temple, la règle, les trois maillets, les glaives (épée flamboyante et épée droite à lame mince), les trois grandes lumières. Au grade de compagnon, on trouve, en plus des symboles de l'apprenti, les symboles suivants : le nombre 5, les cinq sens, le levier et la règle, l'escalier de cinq ou sept marches, les sphères, les fenêtres, la lettre G, le pentagramme ou l'étoile flamboyante. Enfin, au grade de maître viennent s'ajouter les symboles suivants : Hiram, la résurrection et les cinq points de la maîtrise, la parole perdue, le sceau de Salomon ou hexagramme, la Chambre du Milieu, l'acacia, la croix, le cercle et le point.

A l'instar des rituels, les symboles maçonniques ont connu une évolution historique et géographique très diverse. Ainsi, le symbole du triangle est inconnu des maçons opératifs ainsi que de ceux du XVIIe siècle, le triangle avec l'œil divin en son centre est inconnu des maçonneries non régulières, la ruche est un symbole tombé en désuétude, etc.

Comment classer maintenant tous les signes et symboles utilisés par les maçons ? Nous proposons une typologie fondée sur la nature du signifiant qui nous amène à établir cinq catégories capables d'englober les multiples éléments du corpus symbolique maçonnique. Ces cinq catégories sont : les *symboles représentés graphiquement* (les tableaux de loge, la lune, le soleil, etc., quantité d'éléments qui peuvent faire l'objet d'une représentation graphique, sur quelque support que ce soit); les *objets symboliques* se trouvent dans le temple, non figurés: colonnes, pierre cubique, pierre brute, équerre, compas, volume de la loi sacrée, mobilier, bijoux, tabliers, gants, etc.; les *symboles sonores* sont les mots de passe, les mots sacrés, les légendes, récits, acclamations, batteries, paroles, etc. Les *symboles gestuels* sont les signes de reconnaissance, mise à l'ordre, marche, etc., toute la gestuelle prescrite par le rituel. Quant aux *symboles rituéliques*, ce sont des symboles agis explicitement intégrés dans un rite: rites d'initiation, d'ouverture et de fermeture des travaux, de banquet, etc.

Une typologie des symboles maçonniques fondée sur l'origine supposée des symboles conduit à une impasse. Cependant, si l'on peut admettre qu'il est illusoire de vouloir rechercher une origine déterminée à un symbole, au moins doit-on reconnaître que certains symboles maçonniques particuliers appartiennent bel et bien à une tradition déterminée: c'est le cas des glaives et des épées, qui appartiennent à la tradition chevaleresque et qui ont été introduits dans les loges au XVIIIe siècle. C'est le cas des outils, qui font partie de la tradition opérative de la maçonnerie, ou de la rose et de la croix, qui appartiennent à la tradition rosicrucienne.

Voir L. NEFONTAINE, *Symboles et symbolisme dans la franc-maçonnerie. Approches historique, phénoménologique et herméneutique*, Bruxelles, Université Libre de Bruxelles, Faculté de Philosophie et Lettres, 1993 (thèse).

SYMBOLISME

L'ensemble des symboles et des signes utilisés par les francs-maçons constitue le symbolisme maçonnique.

Les outils des constructeurs de cathédrales représentent le premier matériau employé par les francs-maçons pour façonner un symbolisme original et l'armature sur laquelle sont venus se fixer, à partir du XVIIIe siècle, des éléments symboliques adventices, extrinsèques au symbolisme de l'art de bâtir, empruntés à divers ésotérismes (alchimie, rosicrucianisme, Kabbale, etc.) et à la tradition judéo-chrétienne principalement. Au détour d'ajouts et d'abandons multiples s'est ainsi constitué progressivement un corpus symbolique très dense dont l'histoire, à plus d'un moment, se confond avec celle, complexe, des rituels maçonniques.

Comment les maçons voient-ils leur symbolisme ? Quelles fonctions lui assignent-ils ? Au XVIIIe siècle, certains frères manifestaient une aversion pour le symbole et le rituel (Voltaire, Saint-Martin) ; d'autres, à la faveur de la redécouverte des mythologies, faisaient du symbolisme une parole sacrée (Ramsay, Lalande). Partageant les stéréotypes romantiques, Goethe découvrait dans l'allégorie une simple convention arbitraire et dans le symbole un signe ouvert sur un champ illimité d'interprétations. En France, le XIXe siècle maçonnique était d'abord traversé par un courant spiritualiste qui, s'il faisait du symbolisme un vestige des initiations antiques, ne lui assignait pas moins une fonction moralisatrice exclusive de toute mystique et de tout dogme, dans le cadre du déisme. A partir de la seconde moitié du siècle, le courant rationaliste faisait entendre une lecture positiviste du symbolisme : vestiges du passé, les symboles maçonniques passaient pour être, sinon inutiles, du moins secondaires, et tolérés seulement dans la mesure où ils n'induisaient aucune croyance religieuse. Dans le contexte du positivisme, le symbole s'opposait au dogme. Le frère Émile Littré ne définissait-il pas le symbolisme comme « l'état de la pensée et de la langue dans lequel les dogmes sont exprimés par des symboles » ? Si, souvent, la maçonnerie continentale appelait le symbolisme à la rescousse pour combattre l'obscurantisme religieux, le théisme anglo-saxon faisait de la symbolique maçonnique une révélation du divin — une théophanie — et le soutien d'une morale naturelle. C'est encore cette conception qui prévaut dans les maçonneries anglaise et américaine.

Mais dès la fin du XIXe siècle, des frères réagissaient contre la dépréciation des symboles et l'asymbolie en vogue : René Guénon et Oswald Wirth en France, Eugène Goblet d'Alviella en Belgique, l'Association pour l'étude des symboles et des rituels aux Pays-Bas.

C'est un parcours marqué par la sacralisation puis par la désacralisation de la symbolique maçonnique qui se dessine ainsi dans les pays continentaux.

Depuis la seconde moitié du XXe siècle, les pays qui ont connu ce flux et ce reflux savent le plus souvent, au sein de leurs obédiences, trouver une voie moyenne qui tolère la coexistence de plusieurs courants.

Les maçons interprètent leur symbolisme en sens divers. Si les interprétations moralisatrices ont toujours prédominé, il se trouve aussi des interprétations religieuses et spirituelles qui cependant ne véhiculent que rarement un message doctrinal, le symbolisme étant pensé comme langage sacré et transcendant qui ne peut se laisser enfermer dans le cadre rigide d'une religion. On trouve aussi des herméneutiques ésotériques, astrologiques, rationalistes, pseudo-historiques, sociologiques, psychologiques, etc.

Les maçons assignent à leur symbolisme des fonctions multiples. La fonction diacritique d'abord : la pratique du symbolisme introduit une séparation entre deux mondes, entre les initiés et les profanes. La fonction sociale n'est pas moins importante, puisque le symbolisme constitue un cadre nécessaire pour le bon déroulement des travaux. La fonction réconciliatrice a trait au rôle que le symbolisme peut jouer dans la réconciliation entre la science et la religion, le rationnel et l'irrationnel. Citons aussi la fonction gnostique (le symbolisme comme moyen d'accès à la Connaissance), la fonction métaphysique (le symbolisme comme moyen d'accès à la divinité, à l'au-delà, au surréel), la fonction propédeutique (le symbolisme dispense un enseignement philosophique, base pour le perfectionnement de l'initié), la fonction orientante (le symbolisme véhicule et justifie une échelle des valeurs), la fonction émotive enfin car le symbolisme fait surgir des sentiments, il parle au cœur autant qu'à la raison.

Le symbolisme maçonnique a une valeur existentielle, il vise une réalité engageant l'existence de l'homme, il éclaire cette existence. Le symbolisme maçonnique est un système cohérent de symboles, système dynamique qui comporte des références archétypales universelles.

Voir L. Nefontaine, « Symbolique de la franc-maçonnerie », dans P. Poupard (dir.), *Dictionnaire des religions*, 3e éd., Paris, Presses Universitaires de France, 1993.

T

TENUE

Employé dans le contexte maçonnique, le terme « tenue » désigne toute assemblée ou réunion maçonnique qui se déroule dans un temple. On distingue plusieurs sortes de tenue. La *tenue solennelle* ou *tenue d'adoption* est en réalité la tenue ordinaire qui voit se réunir les membres d'une loge pour travailler et à laquelle assistent, éventuellement, des frères visiteurs venus d'autres loges, voire d'une autre obédience. Pour qu'une telle tenue puisse se dérouler, il faut que la loge soit « juste et parfaite », c'est-à-dire que s'y trouvent au moins sept frères, deux compagnons et cinq maîtres. En principe, une tenue solennelle doit avoir lieu au moins une fois par mois. Pendant les périodes de vacances, la majorité des loges cesse de se réunir.

La *tenue de comité* ou *tenue de famille* n'admet que les membres de l'atelier, à l'exclusion de tout visiteur. On y traite seulement de questions administratives relatives à la loge. Aucun rite n'est mis en œuvre pour un tel type de tenue.

Il est aussi des *tenues extraordinaires*, qui se tiennent à l'occasion de décès, de fêtes, de banquets, etc. La *tenue de deuil* ou *tenue funèbre* est ainsi décrite par le Dictionnaire de Ligou : « Rappel annuel fait par une loge ou par une obédience des frères morts pendant l'année maçonnique écoulée. D'une façon générale, le Temple est orné de tentures noires avec en son milieu un catafalque ou la "dalle sacrée" ; les Frères, après avoir entendu la lecture des noms des disparus ou leur oraison funèbre, déposent en cortège une branche d'acacia. On termine par la Chaîne d'Union. Une colonne d'harmonie (*Marche funèbre* de Mozart mais aussi *Requiem* de Fauré) accompagne les principaux épisodes de la cérémonie. »

La *tenue blanche* est une tenue ouverte au profane invité. On distingue la *tenue blanche fermée*, où l'orateur est profane et le public composé seulement de francs-maçons, de la *tenue blanche ouverte* où l'orateur est maçon mais le public composé de maçons et de profanes, le plus souvent des parents des premiers ou des amis. Les tenues blanches ne se pratiquent pas dans les maçonneries dites « régulières ». Le rituel est réduit à sa plus simple expression et ne contient aucun secret symbolique. Le décor des frères se limite alors au cordon.

TRAVAUX

Les travaux maçonniques constituent l'activité propre du franc-maçon en loge. D'une manière ou d'une autre, ils visent l'amélioration de l'homme et de la société. Serge Hutin définit le travail maçonnique comme « un ensemble comprenant une praxis rituelle et gestuelle et un travail intellectuel ». Il faut constater que les maçonneries « régulières » ont tendance à ne développer que le premier aspect du travail maçonnique, s'abstenant de discussions politiques et religieuses. Au contraire, dans les obédiences non régulières, les thèmes de réflexion qui alimentent la tenue de loge ne manquent pas. Les frères sont appelés à donner des conférences en loge, appelées « planches » ou « morceaux d'architecture ». Selon les orientations de la loge ou de l'obédience, les exposés portent tantôt sur des aspects proprement maçonniques, symboliques, rituéliques ou ésotériques, tantôt sur des questions sociales, éthiques ou philosophiques liées ou non à l'actualité.

Pour que les travaux puissent être profitables à chacun, il règne lors des tenues une discipline rigoureuse qui fait qu'un véritable dialogue marqué par l'écoute et par le respect peut s'engager. Si l'apprenti est astreint au silence, les frères qui veulent prendre la parole ne peuvent le faire qu'après l'avoir demandé au surveillant de la colonne sur laquelle ils siègent.

TROIS POINTS

Les antimaçons appellent souvent les maçons « frères Trois-Points », à cause du système d'abréviation en usage dans les loges qui consiste à faire suivre la ou les premières lettres d'un mot par trois points disposés en triangle (∴). L'usage semble s'être d'abord implanté en France, depuis le dernier quart du XVIIIe siècle environ. Les maçonneries anglo-saxonnes ont peu recours aux trois points.

Au-delà de ce surnom fantaisiste, il faut se demander pourquoi les francs-maçons utilisent ce code particulier.

On peut y voir en premier lieu le symbole du triangle, et par là l'image du delta lumineux. Mais l'interprétation la plus courante est celle qui voit dans les trois points une évocation des trois petites lumières de la maçonnerie : le soleil, la lune et le maître. Plus généralement, le triangle renvoie à la riche symbolique du nombre « trois » : voir par exemple les trois grades, ou les trois piliers nommés Sagesse, Force et Beauté.

TROISIÈME RÉPUBLIQUE

La franc-maçonnerie a joué un rôle politique considérable sous la IIIe République (1870 à 1940), en s'engageant massivement dans le combat républicain, anticlérical et laïque. L'épisode si important de la « querelle du Grand Architecte de l'Univers » donne la mesure du profil philosophique d'une frange importante de la maçonnerie française. En 1877, le convent du Grand Orient de France doit se prononcer sur une question soumise à l'étude des loges une année plus tôt, à savoir la modification de l'article 1 des Constitutions de l'obédience dans le sens d'une suppression de l'obligation de croire en Dieu et en l'immortalité de l'âme. Sur base d'un rapport établi par le pasteur Desmons, la majorité des députés des loges présents au convent approuve cette suppression. Du coup, l'invocation au Grand Architecte de l'Univers disparaît de maints rituels, seules quelques loges la maintiennent en vigueur... L'issue de cette querelle a ainsi clairement consacré la victoire des maçons positivistes et laïques sur les maçons déistes et spiritualistes. Elle eut des répercussions importantes sur un plan international puisque c'est à partir de cette date que les obédiences anglo-saxonnes « régulières » rompirent leurs relations avec les obédiences libérales comme le Grand Orient de France. C'est tout naturellement qu'en décembre 1885 le Grand Collège des Rites se pencha sur la révision des rituels et que le convent de 1886 chargea le Grand Collège de revoir les rituels des trois premiers degrés « dans un sens plus libéral et rationnel », ce qui fut chose faite en 1887 grâce à Louis Amiable.

Quelle était alors l'inspiration politique de cette franc-maçonnerie ? André Combes résume : « La Maçonnerie, toutes obédiences confondues, était alors devenue radicale. Elle choisit comme dirigeants des hommes sortis du même moule, passionnément républicains, libres penseurs, opposant la solidarité maçonnique à la charité chrétienne. Pour eux, l'institution, à l'avant-garde du parti républicain, recrutant ses membres dans les tendances les plus affirmées, devait être une force politique philosophique et sociale enracinant l'idéal laïque dans le pays, combattant l'Église et les monarchistes, préparant l'avènement d'une société juste, pacifiste et fraternelle. »

On peut dire de la maçonnerie fin de siècle que, si elle ne s'identifie pas avec la République ou avec le pouvoir, elle est au moins « l'Église de la République » (P. Chevallier) ou, selon l'aphorisme du frère Gadaud, ministre du Commerce en 1894 : « La franc-maçonnerie est la République à couvert. La République est la franc-maçonnerie à découvert. » De fait, beaucoup de députés, de sénateurs, de ministres sont maçons. Le Grand Orient de France constitue alors une puissante organisation politique s'identifiant presque à l'État. Lorsque, fin 1905, la loi instituant la séparation de l'Église et de l'État est votée, le Grand Orient compte plus de trente mille membres. Il s'engage contre le boulangisme, soutient largement Dreyfus — ce qui renforce alors les réactions antisémites et antimaçonniques et donc le mythe du complot judéo-maçonnique —, planche sur des questions sociales aussi cruciales que le repos hebdomadaire, les libertés syndicales, la Sécurité sociale, etc., mais se compromet finalement dans « l'affaire des fiches », ou le scandale de l'épuration des cadres de l'armée française voulue par la franc-maçonnerie. On imagine le scandale : le général André, qui est ministre de la Guerre et... franc-maçon, est renseigné par le Grand Orient de France, au moyen de « fiches » envoyées, sur les opinions politiques et religieuses des officiers. S'appuyant sur ces documents signalétiques, le ministre écarte de l'avancement et des nominations importantes les officiers catholiques ou libéraux au profit des républicains ! Cette affaire entraîne la chute du gouvernement Combes.

A partir de 1910 et jusqu'à la fin de la IIIe République, les loges apparaissent davantage comme des laboratoires d'idées où naissent des projets de réforme sociale et éthique. Politiquement, le Grand Orient aide grandement à constituer le Bloc des Gauches (rassemblement du Parti radical, de l'alliance démocratique et de la majorité des socialistes). Dans les années 1920 et 1930, on est sorti de la période de collusion entre la maçonnerie et le pouvoir caractéristique du début du siècle. Le rôle politique de la maçonnerie diminue sensiblement, le Grand Orient n'est plus le « parti républicain à couvert ». C'est que le régime républicain n'est plus menacé et que, du coup, disparaît un combat politique qui était devenu sa seconde nature...

Les dernières années de la IIIe République furent marquées par la montée inexorable de l'antimaçonnisme provoquée par celle du nazisme.

Voir A. COMBES, *Les trois siècles de la franc-maçonnerie française*, Paris, Edimaf, 1989 ; L. NEFONTAINE, *Église et Franc-maçonnerie*, Paris, Chalet, 1990.

BIBLIOGRAPHIE

Outre les nombreuses références figurant à la fin de la plupart des articles, que nous ne citons plus ici, voici d'autres ouvrages indispensables, uniquement en langue française, où l'on trouvera le plus souvent une bibliographie d'orientation :

L. NEFONTAINE, *La franc-maçonnerie*, Paris-Montréal, Cerf-Fides, 1990.

P. NAUDON, *La franc-maçonnerie* (coll. Que Sais-Je ?, 1064), Paris, PUF (nombreuses rééd.).

D. BERESNIAK, *La franc-maçonnerie*, Paris, Grancher, 1988.

D. LIGOU (dir.), *Dictionnaire de la franc-maçonnerie*, 3e éd., Paris, PUF, 1992.

D. LIGOU, *La franc-maçonnerie* (coll. Documents Histoire), Paris, PUF, 1977.

P. CHEVALLIER, *Histoire de la franc-maçonnerie française*, 3 vol., Paris, Fayard, 1974.

G. GAYOT, *La franc-maçonnerie française, textes et pratiques (XVIIIe-XIXe siècles)* (coll. Archives, 86), Paris, Gallimard et Julliard, 1980.

A. MELLOR, *Dictionnaire de la franc-maçonnerie et des francs-maçons*, Paris, Belfond, 1979.

Numéro spécial de la revue *Notre Histoire*, n° 66, Paris, avril 1990.

La franc-maçonnerie et l'Europe du XVIIIe siècle à nos jours, Catalogue de l'exposition maçonnique de Bruxelles (22 mai-16 juin 1993), Éditions du Perron et Musée maçonnique de Bruxelles, 1993.

INDEX DES NOMS PROPRES

A

Abd-El Kader, 39, 52
Aldrin, E., 39
Alembert, d', 67
Alfieri, V., 63
Allende, S., 39
Ambelain, R., 90
Amiable, L., 103
Anderson, J., 21, 23, 29, 32, 34, 40, 60, 84
André, 104
Andreae, 91
Armstrong, L., 71
Arne, T., 71
Ashmole, E., 9, 92
Athênagoras Ier, 30
Austin, S., 39

B

Bach, J.-S., 71
Bacot, J.-P., 36
Balsamo, J., 30
Barat, M., 28
Barruel, A., 15, 87
Bartholdi, 39
Basie, C., 71
Battelli, E., 82
Bayard, J.-P., 44, 49, 93
Beethoven, L. von, 71
Benes, E., 39
Benoît XIV, 27
Beresniak, D., 37, 38, 55
Berteaux, R., 48, 49
Berteloot, 27
Beyle, H., 63
Blasco Ibanez, V., 63
Boileau, E., 76
Bonaparte, 90
Bonaparte, J., 39
Bongo, O., 39
Boswell, J., 9
Bouillon, duc de, 84
Boulin, R., 18
Boyau, R., 36
Brault, E., 85
Burke, E., 39
Burns, 63

C

Cagliostro, 30, 63
Casanova, 62, 95
Cavour, 14, 58
Chagall, M., 39
Chailley, J., 71
Chamfort, N. de, 62
Champollion, 31
Charles Ier, 92
Charles XII, 90
Cherel, A., 85
Cherubini, 71
Chevallier, P., 85, 103
Choderlos de Laclos, 62
Chrysler, W.P., 39

Churchill, W., 39
Citroën, A., 40
Clément XII, 26/27
Clément, J.-B., 71
Colt, S., 40
Combes, A., 19, 57, 69, 88, 103, 104
Combes, E., 57
Conan Doyle, A., 63
Condorcet, 62, 66
Coston, H., 88
Cotte, R., 71
Court de Gébelin, A., 31, 62
Crémieux, A., 55
Crépin, A., 75
Crispi, 58
Crockett, D., 40

D

De Mille, C.B., 40
Dechartre, P., 18
Decroly, O., 40
Deraismes, M., 35
Desmons, 102
Désaguliers, J.-T., 21, 29, 84
Diderot, 67
Dierkens, A., 17
Doré, A., 38, 69, 91
Dumas, A., 63
Dumas, R., 19
Dumézil, G., 64
Dunant, H., 40
Dupuis, C., 31

E

Edighoffer, R., 92, 93
Edouard VII, 39
Edouard VIII, 39
Eliade, M., 51
Ellington, D., 71
Emmanuelli, H., 19
Encausse, G., 44
Esposito, R.F., 28

F

Faucher, J.-A., 19, 80, 81
Fauré, 101
Ferrer Benimeli, J.A., 27, 28, 69, 70
Ferry, 57
Fesch, P., 69
Fénelon, 84
Fichte, 66
Fischer, G., 29
Fleming, 39
Fleury, card. de, 84
Ford, G., 39
Ford, H., 39
Forlani, A., 82
Franceschi, J., 19
Franco, 14, 16
François de Lorraine, 92
Franklin, B., 39
Frédéric II, 66
Frédéric Guillaume Ier, 39

G

Gable, C., 40
Gadaud, 103
Gamberini, 81
Garibaldi, 14, 58
Gaudart de Soulages, M., 64
Gaulle, général de, 18, 79
Gayot, G., 105
Gelli, L., 81, 82
George IV, 39
George VI, 29, 39
Gilbert, R.A., 55

Gillette, K.C., 40
Giscard d'Estaing, V., 19
Goblet d'Alviella, E., 98
Goethe, J.W., 62, 66, 98
Gris, J., 40
Guénon, R., 36, 44, 45, 51, 98
Guillaume Ier, 39
Guillotin, J., 40
Guyon, Mme de, 84

H

Hahnemann, 39
Halévi, R., 85
Hamill, J., 10, 55, 77
Hampton, L., 71
Hardy, O., 40
Hasquin, H., 15, 58, 70
Haydn, J., 71
Heine, H., 63
Helvétius, 62, 66, 67
Herder, J.G., 63, 66
Hernu, C., 19
Hilton, 40
Hoebanx, J.-J., 33
Hopkins, F.G., 40
Houdini, 40
Hund, baron de, 51
Hutin, S., 101

J

Jacques III, 84
Jener, E., 39
Joffre, 39
Johnson, L.B., 39
Jones, W., 31
Joxe, P., 19

K

Kent, duc de, 29, 73
Kipling, R., 63
Knight, S., 16

L

Lafayette, 39
Lalande, J. de, 31, 66, 67, 98
Lamant, H., 64
Lamartine, A. de, 63
Lantoine, A., 59
Laurant, J.-P., 45
Le Forestier, R., 51
Lefranc, abbé, 15, 87
Lemaire, J., 14, 17, 21, 94, 95
Lenoir, A., 31
Lessing, G.E., 62, 66
Levi, E., 92
Léon XIII, 27
Léopold Ier, 39
Ligne, prince de, 62
Ligou, D., 23, 88, 101
Lindbergh, C., 40
Liszt, F., 71
Littré, É., 63, 98
Locke, J., 24
Louis XV, 85

M

Macadam, J., 40
Macé, J., 57
Mahler, G., 71
Maistre, J. de, 51, 62
Mallarmé, 63
Martin, Gaston, 87
Martin, Georges, 35
Martines de Pasqually, 50, 51, 89

Marx, J., 16, 70
Maupassant, G. de, 63
Mauvillon, 15
Mazet, E., 73, 74
Mazzini, 14, 58
Mellor, A., 14, 27, 68, 87
Mercury, F., 12, 80
Meyerbeer, G., 71
Mitterrand, F., 19
Mogès, H., 31
Mola, A.A., 70, 82, 83
Montagu, 21
Montesquieu, 24, 61, 66, 84
Montgolfier, J. et E., 39
Moro, A., 82
Mounier, J.-J., 87
Mozart, W.A., 71, 101

N

Nahon, G., 55
Naudon, P., 105
Nefontaine, L., 28, 97, 99, 104
Newton, I., 10

O

Olds, 39

P

Pahlavi, 53
Papus, 44
Peyrefitte, R., 64
Pérau, abbé, 15
Pieyns, R., 37, 38
Pistre, P., 28
Pompidou, G., 18
Poncins, L. de, 88
Pope, 63
Pouchkine, A., 63
Pritchard, S., 15
Proudhon, 63
Prouteau, H., 64
Prouteau, J.-P., 19
Pullman, G.M., 40

R

Ramsay, A.-M. de, 84, 85, 98
Rausis, P.-E., 53
Rémond, R., 12, 13, 14
Ries, J., 52, 53
Riffard, P., 44
Riquet, 27
Romains, J., 64
Roman, D., 46
Roosevelt, F.D., 39
Roosevelt, T., 39
Rouget de Lisle, 62, 71

S

Sade, marquis de, 62
Saint-Gall, M., 59
Saint-Martin, L.-C. de, 51, 62, 98
Salazar, 14, 16
Salvini, L., 82
Savalette de Lange, 51
Schikadener, 30, 70
Scott, W., 63
Sheridan, 63
Short, M., 16
Sibelius, J., 71
Sigaud, P.M., 45
Smith, J., 40
Stendhal, 63
Stevenson, D., 77
Stuart, C.-E., 84
Sussex, duc de, 55
Swedenborg, E., 51

T

Taguieff, P.-A., 17
Terrasson, J., 30
Thier, H. de, 26
Thomas, Mgr, 28
Tindal, M., 24
Toland, J., 24
Tristan, F., 64, 69, 75, 88
Truman, H.S., 39
Twain, M., 63

U

Uyttebrouck, A., 77

V

Vallès, 63
Van den Abeele, A., 41, 73
Verval, G., 49
Vibert, L., 10
Vierne, S., 52, 53
Vieuxtemps, H., 71
Villard de Honnecourt, 76
Vlaeminck, G., 21
Voltaire, 13, 24, 61, 62, 66, 67, 98
Vuillaume, 90

W

Washington, 39
Wayne, J., 40
Weishaupt, A., 51
Wellington, 39
Werner, Z., 51
Wesley, J., 30
Wilde, O., 63
Willermoz, J.-B., 51, 89, 92
Windsor, duc de, 29
Wirth, O., 36, 59, 98
Wolfstieg, A., 69

TABLE DES MOTS CHOISIS

Acceptation 9
Admission 10
Anticléricalisme 12
Antimaçonnisme 14

Cinquième République 18
Clipsas 19
Constitutions d'Anderson 21

Déisme 24

Église catholique 26
Églises chrétiennes 28
Égyptomanie 30
Éthique 32

Femmes 34
Franc-maçonnerie 36
Francs-maçons 38
Fraternité 40

Grades 42
Guénon 44

Hiram 47

Illuminisme 50
Initiation 51
Islam 53

Judaïsme 54

Laïcité 56
Langage 58
Légendes 59
Littérature 61
Loge 64
Lumières 66

Maçonnologie 68
Musique 70

Obédience 72
Old Charges 73
Orient 75
Origines 76

Pouvoir 79
Propaganda due 81

Ramsay 84
Régularité 85
Révolution 87
Rites 88
Rituels 90
Rose-Croix 91

Secret 94
Symboles et Signes 95
Symbolisme 97

Tenue 100
Travaux 101
Trois points 102
Troisième République 102

Achevé d'imprimer le 10 novembre 1993
dans les ateliers de Normandie Roto Impression s.a.
à Lonrai (Orne)
N° d'imprimeur : I3-1899
Dépôt légal : novembre 1993

Imprimé en France